HISTOIRE

DE SAINT REMI

APPROBATION

Nous, Marie-Joseph-François-Victor Monyer de Prilly, par la miséricorde divine et la grâce du Saint-Siége apostolique, évêque de Châlons,

La société de Saint-Victor ayant soumis à notre approbation un livre intitulé : *Histoire de saint Remi*, par M. l'abbé Alexandre Aubert, nous avons fait examiner cet ouvrage, et, sur le rapport favorable qui nous en a été fait, nous l'avons approuvé, comme pouvant offrir une lecture agréable et édifiante.

Donné à Châlons, sous notre seing, le sceau de nos armes et le contre-seing du secrétaire général de l'évêché, le 17 mars 1849.

† M. J. F. V. ÉVÊQUE DE CHALONS.

Par Monseigneur,

DARAS,
Chanoine secrétaire général.

Lettre adressée à l'auteur par Mgr l'évêque de Châlons.

———

Châlons, le 20 septembre 1849.

J'ai lu, mon cher, avec autant d'édification que de plaisir (l'une ne va pas sans l'autre), l'*Histoire de saint Remi* composée par vous. Ce travail qui a pour nous un double intérêt, était tout à fait digne d'occuper vos pieux loisirs, et on en sentira le prix dans notre province, qui a le bonheur insigne d'avoir eu pour pasteur ce grand saint. Vous avez fait pour cela des recherches et n'avez rien dit qui ne soit bon et solide, qui ne soit propre à intéresser le lecteur. Dieu bénira cet ouvrage, je n'en doute point, et il en tirera sa gloire.

Votre tout dévoué en N.-S.

† M. J., *évêque de Châlons.*

HISTOIRE

DE

SAINT REMI

436—532

PAR M. L'ABBÉ ALEXANDRE AUBERT

2ᵉ ÉDITION

corrigée et considérablement augmentée

CHALONS-SUR-MARNE

J.-L. Le Roy, imprimeur-libraire

1872

NOTICE BIOGRAPHIQUE ET LITTÉRAIRE

SUR

L'ABBÉ AUBERT

NOTICE BIOGRAPHIQUE ET LITTÉRAIRE

SUR

L'ABBÉ AUBERT

CHANOINE HONORAIRE, CURÉ DE JUVIGNY

PAR M. CH. REMY

Ancien notaire
Vice-Secrétaire de la Société d'agriculture, Commerce, Sciences et Arts
du département de la Marne.

S'il est triste de voir mourir avant l'âge un ami
d'enfance, c'est un devoir bien doux que celui
d'avoir à retracer la vie d'un homme de cœur, qui
n'a laissé sur son passage que des souvenirs affectueux et des regrets sincères.

Déjà de courtes notices ont envisagé feu l'abbé
Aubert sous différents points de vue ; et dernière-
ment M. Aumignon, vice-président du Comice
agricole de l'arrondissement de Châlons, payait un
juste tribut de regrets et de gratitude à celui qui
fut pendant si longtemps le secrétaire zélé de
cette utile association ; s'effaçant avec une rare
modestie, il annonçait d'avance le travail que nous
entreprenons, et qui n'aura d'autre mérite que

d'être l'hommage de l'amitié et de réunir en un faisceau tous les documents et souvenirs que nous avons pu rassembler sur les différentes phases de sa vie.

I.

PIERRE-ALEXANDRE AUBERT naquit à Poix, canton de Marson, près Châlons-sur-Marne, le 10 février 1820.

Ses parents acquirent, pendant leur mariage, grâce à leur intelligence et leur activité, une modeste aisance qui leur permit de donner à leurs enfants, une instruction développée.

Son père Jean-Pierre Aubert, dans un âge avancé, s'occupe encore, avec succès, de l'éducation des abeilles, dont une longue expérience lui a appris tous les procédés. En 1860, la Société d'agriculture, commerce, sciences et arts de la Marne décernait à cet apiculteur distingué une médaille d'or.

Sa mère, Rosalie Blion, était la digne sœur de l'abbé Blion, ancien secrétaire de l'évêché de Meaux, qui fut pendant longtemps curé-doyen de Vienne-le-Château et mourut en 1861, chanoine titulaire de la cathédrale de Châlons et official du chapitre.

S'inspirant des leçons et des exemples de son digne frère, elle donna à ses enfants une éducation toute chrétienne ; aussi l'aménité des mœurs ne le cédait-elle chez tous qu'à la bonté du cœur et à l'élévation des sentiments.

Pendant son enfance, Alexandre Aubert, l'aîné de la famille, ne se distingua de ses camarades que par une grande vivacité et une aimable espièglerie qui dénotait déjà les brillantes qualités qui devaient se développer successivement en lui.

Son oncle lui avait donné les premières leçons de latin, et après sa première communion, il entra au petit séminaire de Châlons, dans la classe de sixième.

Là, il donna un libre cours à son émulation ; sa classe était nombreuse et composée de jeunes gens laborieux dont le plus grand nombre parmi ceux qui ont suivi la carrière ecclésiastique, occupent aujourd'hui des fonctions importantes.

Son aimable caractère lui fit de tous ses condisciples autant d'amis ; il ne jalousait personne ; au contraire, il était toujours porté à juger les autres d'après ses propres sentiments.

Le besoin d'expansion qui faisait le fond de son âme lui mit de bonne heure la plume à la main. Pendant ses humanités, il avait créé avec quelques condisciples, comme innocente distraction et comme exercice purement littéraire, une petite feuille périodique et hebdomadaire, qui restait manuscrite, cela va sans dire, et qui ne dépassait pas les bancs des classes supérieures. Il en était le secrétaire rédacteur.

« Et notre journal ! écrivait-il, le 17 février 1838,
« à l'auteur de cette notice; ah ! je pleure. Ima-
« gine-toi qu'il y avait un journal au petit sémi-
« naire ; nous étions autorisés par le *roi* (le supé-
« rieur) ; il nous était permis de dire ce que nous
« voudrions des *ministres* (professeurs). Il contenait
« de l'astronomie, de la religion, de la législation,
« de l'histoire, de la bibliographie et même des
« logogriphes. Malheureusement dans notre article
« *politique* (administration de l'établissement), il y
« avait sur l'un des *ministres* une critique un
« peu vive; le journal fut saisi et ne reparut plus. »

Le jeune séminariste avait une correspondance
fort suivie avec ses amis, mais dans ses lettres,
jamais de médisance; toujours une charité inépuisable pour les petits travers d'autrui. Pour notre
part, c'est toujours avec le plus grand bonheur que
nous relisons ces mémoires de notre jeunesse, qui
viennent raviver les impressions d'un autre âge.

On y retrouve des souvenirs de nos dernières
années d'études, et jusqu'aux matières traitées
dans nos classes respectives de rhétorique et de
philosophie, puis du droit et de la théologie, dont
nous échangions les communications avec le plus
grand intérêt.

Ces correspondances si bonnes, si affectueuses,
ne furent interrompues que par la mort de l'un des
deux amis.

Pendant le cours de ses études théologiques, il
n'abandonna point les travaux littéraires.

Il publia dans le *Journal de la Marne*, des articles fort intéressants, entre autres le compte-rendu d'une séance donnée aux élèves du grand séminaire par le jeune Henri Mondeux, qui a fait retentir la France, à cette époque, du bruit de ses succès dans la science du calcul.

Nous retrouvons dans ses papiers le manuscrit d'un mémoire anonyme présenté par lui au concours de la Société d'agriculture, commerce, sciences et arts de la Marne en 1840, sur cette question :

« Quels seraient les moyens, le plus en harmonie « avec nos institutions, de ranimer le sentiment « moral et religieux, et de le maintenir au niveau « du développement progressif des lumières et de « la civilisation ? »

Il avait pris pour épigraphe ces paroles de saint Paul : *Ut prudentibus loquor, vos ipsi judicate quod dico.* (1)

Dix-sept mémoires avaient été déposés sur la même question et il n'est point étonnant que le nom de notre jeune lévite n'ait pas été prononcé ; cependant son travail fut du petit nombre de ceux qui furent distingués par le rapporteur. Ce n'était point un insuccès, c'était une révélation et une espérance pour l'avenir.

L'abbé Aubert était, au grand séminaire, le

(1) « Comme je parle à des hommes intelligents, jugez vous-« mêmes ce que je vous dis. » I. *Cor.* X. 15.

centre d'une petite réunion de jeunes gens studieux auxquels il se plaisait à lire ses élucubrations, et dont il prenait volontiers les conseils.

C'est là que fut conçu et en partie exécuté son premier ouvrage, l'*Histoire de Saint-Remi, pour servir à l'étude de l'origine de la monarchie française*, qui ne parut qu'en 1849, et dont les héritiers de l'auteur publient en ce moment la 2e édition. Nous parlerons de cet ouvrage, à la date de son apparition, afin de suivre pas à pas le développement de la vie littéraire de l'abbé Aubert jusqu'à son complet épanouissement.

Ses qualités et ses talents avaient été appréciés au delà du cercle restreint de ses condisciples; une famille respectable et importante des environs le choisit, sur la désignation de ses supérieurs, pour remplir temporairement l'honorable mission de précepteur auprès de deux jeunes gens actuellement dans une haute position, dont plusieurs lettres charmantes attestent qu'ils avaient apprécié le mérite du jeune professeur.

C'est aussi à son amour pour la littérature qu'il devait l'amitié de M. L.-F. Guérin, alors correspondant à Châlons de la *Bibliothèque de la Jeunesse*, auteur d'une *Monographie* de N.-D. de l'Épine, qui fut plus connu depuis comme rédacteur en chef du *Mémorial catholique*.

L'abbé Aubert fut ordonné prêtre, le 10 juin 1843, par Mgr de Prilly, évêque de Châlons, qui conférait en même temps, par délégation, les ordres aux clercs des diocèses de Troyes et de Sens, et fut appelé à remplir les fonctions de vicaire de la paroisse de Sainte-Ménehould et d'aumônier de la maison d'arrêt.

Là il s'acquit l'estime et l'amitié du vénérable abbé Barbat, curé-doyen de cette ville ; ses relations avec les familles les plus recommandables ont survécu au temps et à l'absence.

Une bonne fortune, que je n'appellerai point le hasard, voulut que nous fussions encore une fois rapprochés pendant quelque temps. J'habitais alors Sainte-Ménehould, et j'ai pu constater que s'il avait de hautes relations dans la Société, son affabilité et le charme de sa parole n'étaient pas moins appréciés du public.

Pendant cette période, il publia dans la *Revue de la Marne*, journal de l'arrondissement, sous les initiales A. A., ou sous le prénom *Alexandre*, des articles de tout genre : fines anecdotes, notices nécrologiques, liturgie, sujets de polémiques religieuse, critique littéraire ; et l'on peut dire que son passage à Sainte-Ménehould ne fut point perdu pour les lecteurs de ce journal.

II

Au commencement de l'année 1845, un de ses condisciples, qui avait été ordonné prêtre le même jour que lui, M. l'abbé Giraux, curé de N.-D. de

Juvigny et de La Veuve, venait de mourir, enlevé prématurément à l'âge de 28 ans, victime de son zèle sacerdotal. Par décision du 3 février suivant, Mgr de Prilly appela l'abbé Aubert à ce poste important et envié à cause de sa proximité de la ville épiscopale.

La prise de possession eut lieu le 9 du même mois avec une pompe inusitée. Dans cette cérémonie, décrite tout au long dans la *Monographie de Juvigny*, ouvrage dont nous parlerons plus loin et auquel nous renvoyons le lecteur, on fit revivre un ancien usage, constaté par les chartes, celui de la *présentation des offrandes*. Nous ajouterons seulement que la charité du nouveau pasteur mérita ce jour-là d'être signalée.

L'abbé Aubert n'oublia point les titres qui le rattachaient à son prédécesseur. Pendant le peu de temps qu'il avait passé dans cette paroisse, l'abbé Giraux y avait laissé des regrets. On se souvenait de son dévouement au chevet des malades et des mourants pendant une épidémie récente.

Sur la proposition du nouveau curé, une souscription fut ouverte dans les deux paroisses pour ériger sur un terrain concédé gratuitement par la commune, un modeste monument, sur lequel fut gravée une inscription rappelant le souvenir des vertus de l'abbé Giraux, composée par son condisciple; aussi la famille du défunt lui écrivit-elle une lettre de remerciements dont l'original est déposé aux archives de la fabrique, et la copie à celles de la commune.

A partir de l'arrivée de l'abbé Aubert à Juvigny, sa vie entra dans une phase nouvelle ; l'administration de sa paroisse et les devoirs pastoraux, bien différents de ceux d'un simple vicaire, prennent pour lui l'importance de sa haute mission.

Il devint bientôt l'ami de ses paroissiens. En même temps qu'il distribuait la parole de Dieu et les consolations de la religion, il veillait aux besoins de tous ; il sollicitait des riches les secours nécessaires aux indigents, et donnait lui-même l'exemple.

La fin de 1846 fut particulièrement difficile pour les pauvres. A Juvigny, le bureau de bienfaisance avait épuisé ses ressources ; du haut de la chaire, le curé, dans un discours touchant que je voudrais pouvoir rapporter ici, enflamma les cœurs du feu de la charité ; des dons en argent et en nature affluèrent entre les mains du trésorier, et bientôt les pauvres eurent du pain assuré pour toute la saison rigoureuse.

Mais voici venir 1848, avec ses agitations politiques et son effervescence qu'il fallut quelquefois calmer, ou tout au moins diriger vers le bien, chez les populations rurales comme dans les cités industrielles.

On sait que la Religion s'associa toujours aux idées vraiment libérales, et le pasteur fut appelé à

Juvigny, comme ailleurs, à faire descendre les bénédictions divines sur les arbres de liberté.

Ce mot souvent prononcé, mais aussi souvent incompris avait besoin d'être interprété dans sa véritable acception.

« Liberté ! Liberté ! » s'écrie l'abbé Aubert dans l'allocution qu'il prononça dans cette circonstance à Juvigny, « c'est aujourd'hui le cri de la « France ! Depuis dix-huit siècles, l'Eglise n'a cessé « de faire entendre ce cri venu du Ciel jusqu'à « nous; car, messieurs, elle est fille du Ciel, la Liberté. Cette liberté, ce n'est point la licence, ni « l'anarchie; c'est la charité appliquée à tous; elle « fonde l'obéissance sur le respect et le pouvoir « sur l'amour.

« Puisse cet arbre de liberté devenir pour nous « le bon arbre de l'Evangile et produire d'excel- « lents fruits ! »

Comme on le voit, sa parole était de conciliation et de paix, et la discorde ne pouvait tenir devant un pareil langage.

III

Cependant, grâce à sa prodigieuse activité, l'accomplissement de ses devoirs pastoraux lui laissait encore des loisirs; il sentit se réveiller en lui son amour pour l'étude et trouva le temps de s'y livrer avec ardeur.

Il n'avait encore publié aucune brochure importante; mais il travaillait patiemment à conquérir ces connaissances variées, cette science profonde qui rendirent tant de services pendant sa vie et qui lui font en ce moment une si glorieuse renommée.

En attendant, il déversait le trop plein de son cœur dans ses lettres à ses amis et dans un grand nombre d'articles de revues.

Le cadre de la petite notice que nous lui consacrons ne nous permet point d'énumérer seulement le titre des travaux qu'il publia dans la *Revue de la Marne*, le *Journal de la Marne*, la *Revue Catholique*, l'*Ami de la Religion*, le *Mémorial Catholique*, la *France*, le *Grand Concours*, la *Semaine Champenoise*, où ses articles sont trop nombreux pour être comptés. (1).

Né à la campagne et vivant au milieu d'une population adonnée aux travaux des champs, il associait lui-même à ses nobles travaux la culture des abeilles dont il avait reçu les notions de son père et de son oncle. Plusieurs récompenses lui furent accordées à ce sujet par le Comice agricole de la Marne, par le jury du concours régional tenu à Châlons en 1861. En 1867, il reçut, lors de l'expo-

---

(1) Indiquons encore comme sources, où l'on trouve beaucoup de ses productions, les *Mémoires de la Société d'agriculture, commerce, sciences et arts de la Marne*, où sont publiés plusieurs rapports; les *Annuaires de la Marne*, où il fit, depuis 1855, les revues nécrologiques et qui contiennent un grand nombre de ses articles; le *Cultivateur de la Champagne*, bulletin des travaux des Comices agricoles de la Marne, et un assez grand nombre de brochures non citées dans la notice.

sition d'agriculture établie au Jardin du Luxem-
bourg, une abeille d'or et de diamant. Il aimait à
vulgariser les notions utiles et se sentait attiré vers
les sociétés instituées pour la diffusion des connaissances théoriques et pratiques nécessaires aux cultivateurs.

En 1847, il devint membre du Comice agricole
de l'arrondissement de Châlons dont il devait être
plus tard le secrétaire le plus laborieux et le plus
dévoué. En cette année il publia, sous les auspices
de la Société de Saint-Victor, en tête d'une traduction de *la Mort d'Abel*, une notice sur le poëte
allemand Gessner, avec l'approbation de Mgr de
Prilly, évêque de Châlons.

En 1849, la même société édita son *Histoire de
Saint-Remy*, dont nous avons déjà parlé.

Ce n'est point seulement la biographie du saint
évêque auquel la France doit, par le baptême de
Clovis, le titre de Fille aînée de l'Eglise; c'est aussi
l'histoire de la consolidation de la conquête des
Gaules par les Francs. C'est une description archéologique et artistique des monuments qui se rat-
tachent au culte du saint évêque de Reims et au
sacre des rois : basilique, tombeau, sainte ampoule,
tapisseries, objets d'art, ornements, tout y est décrit avec talent.

Cet ouvrage fut couronné par l'Athénée des arts,
et son auteur vit s'ouvrir devant lui les portes de
plusieurs sociétés savantes. Nous citerons en par-

.ticulier la société française d'archéologie, la société sphragistique, la société d'agriculture, commerce, sciences et arts de la Marne, l'Académie de Reims. Une plus longue énumération n'ajouterait rien à sa réputation de savant et d'appréciateur de la littérature et de l'art.

IV

Ces travaux ne le détournaient point de l'objet de sa préoccupation constante, la restauration de son église.

Malgré les difficultés financières dont il triompha, et à la faveur des allocations du Conseil municipal et du produit de nombreuses souscriptions, la belle église de Notre-Dame de Juvigny, dont la fondation remonte au XII° siècle, et qui, malgré des travaux de toutes les époques suivantes, était dans un triste état de dégradation, vit sa restauration complètement terminée en quinze mois, et le chevet, les bras du transept ainsi que la tour, complétement réédifiés. Le mobilier fut complété ou renouvelé par la fabrique.

Ces travaux sont décrits avec soin dans un livre qu'il publia vers la même époque, sous le titre de *Monographie de Juvigny*. Cet ouvrage fut soumis, en 1856, au concours historique et archéologique ouvert annuellement par la société d'agriculture, commerce, sciences et arts de la Marne, qui décerna à l'auteur une médaille de vermeil. Il était déjà membre correspondant de cette société dont il devint bientôt membre titulaire non résidant.

C'est à l'occasion de ce livre que Mgr. de Prilly, son évêque, dans une lettre affectueuse, le félicite « d'avoir fait revivre le passé de sa paroisse. »

« Qu'il serait à souhaiter, lit-on dans cette lettre, « que, dans chaque pays, on eût, comme vous, le « goût d'écrire ce qui s'y passe et ce qui peut inté- « téresser ceux qui viendront après nous !

« Continuez, mon cher, à aimer l'étude et le tra- « vail qui font le bonheur et la consolation de notre « vie ; c'est l'emploi le plus sage que nous en puis- « sions faire, et je suis charmé de voir que vous en « connaissez le prix. »

Le 11 juillet 1857, il fut élu secrétaire du Comice agricole de l'arrondissement de Châlons, et occupa ce poste important jusqu'à sa mort. Il joignait à ce titre, en dernier lieu, celui de secrétaire général honoraire du Comice central.

M. Aumignon, dans sa notice déjà citée, a rendu hommage à ses longs et utiles services, à son exactitude dans les devoirs assez multipliés du secréta- riat, à la clarté et à la précision de ses comptes- rendus, à son affabilité envers ses collègues, à la valeur de ses conseils.

Le discours sur les devoirs réciproques des maî- tres et des domestiques qu'il prononça à la fête du Comice à Suippes, en 1859, est un document bon à consulter, c'est une leçon paternelle de morale chrétienne et un appel à chacun, dans la voie d'une sage entente de ses obligations.

Sa présence était d'une haute importance pour les questions traitées dans cette société de cultivateurs. Il y avait sa place à côté de Mgr de Prilly, qui en fit toujours partie depuis son entrée à Châlons jusqu'à sa mort.

L'abbé Aubert n'oubliait point de payer annuellement un cordial tribut de regret aux membres décédés, et dans la séance du 6 décembre 1860, en parlant du digne prélat, il s'exprimait ainsi devant une nombreuse assemblée : « Monseigneur ne « manquait jamais de venir ajouter par sa pré- « sence un nouvel éclat à nos solennités agricoles ; « il y prenait souvent la parole pour associer la « pensée de Dieu au travail de l'homme et pour « bénir l'agriculture et les agriculteurs. »

Il rappelle que ce prélat publia plusieurs fois dans le *Journal de la Marne*, sous le pseudonyme *d'un ecclésiastique de Châlons*, d'excellents conseils aux cultivateurs sur des méthodes de culture et des procédés qu'il avait vu pratiquer ailleurs avec succès.

Le passage de M. l'abbé Aubert au Comice agricole fera époque dans les annales de cette société et sa perte y sera vivement sentie et difficile à combler.

La Société d'agriculture, elle aussi, le compte parmi ses membres les plus laborieux et les plus utiles. Malgré la distance qu'il avait à parcourir, il fut toujours très-assidu à ses séances du soir jusqu'au moment où sa santé ébranlée ne lui permit plus de supporter aussi souvent la fatigue du voyage.

Il y fit un nombre considérable de communications sur l'archéologie, l'histoire, les questions de morale, de liturgie, d'art et sur l'apiculture. Il traitait avec une égale facilité tous les sujets, et son style toujours élégant donnait du charme à ses lectures sur les matières même les plus abstraites.

Il faudrait élargir outre mesure le cadre de cette notice pour citer seulement le titre des mémoires ou rapports qu'il présenta à cette société; mais nous ne pouvons omettre sa description de la chaire de l'église Notre-Dame de Juvigny, véritable œuvre d'art provenant de l'abbaye de Saint-Remy de Reims, qu'il racheta de l'église de Condé, et qu'il fit restaurer avec amour.

Je citerai encore ses rapports de commissions pour les différents concours ouverts par la Société, sur l'histoire, sur des questions d'économie sociale et particulièrement *sur le Repos hebdomadaire*.

L'histoire locale avait surtout ses préférences, et non content de ses productions personnelles, il enrichit encore l'histoire ecclésiastique du diocèse de Châlons, en éditant un manuscrit de Pierre Garnier, curé de Fèrebrianges, au XVIIIe siècle : *Chaalons ancien et nouveau, payen et chrétien,* qu'il fit précéder d'une notice sur l'auteur et sur son ouvrage. Dans cette introduction, il passe en revue ceux des historiens de Châlons qui en ont profité, avec ou sans citation des sources.

Il n'ignorait pas l'existence d'un manuscrit plus volumineux, attribué au même auteur; mais le possesseur n'ayant point jugé à propos de le lui communiquer, il se contenta de publier celui qu'il avait entre les mains, dont l'authenticité est certaine et qui ne contient pas les documents les moins curieux sur la ville épiscopale et sur le diocèse.

Encouragé par ce succès, il mit encore au jour un autre manuscrit de Beschefer, chanoine de Châlons et abbé de Toussaint, mort en 1790, à l'âge de 85 ans. Cet ouvrage qui éclaire quelques points obscurs de l'histoire diocésaine et redresse quelques erreurs de ses devanciers, porte le titre de *Mémoires historiques sur la Champagne.*

Avant d'abandonner ce sujet, nous devons dire que c'est principalement à son intervention que la Société d'agriculture doit les fondations de Melle Savey, dont il dirigea le choix, et lui-même il imita son exemple.

Son attachement pour cette Société était si sincère, que, par son testament, il fit au profit de celle-ci un legs particulier, modeste comme sa fortune, d'une somme de deux cents francs, à titre de souvenir. Puisse cet exemple avoir des imitateurs!

V

Comment l'abbé Aubert pouvait-il suffire à une aussi forte tâche ? A cette question nous répondrons que sa facilité pour le travail jointe à une prodigieuse activité lui permettait de réaliser des entreprises qui eussent fait succomber le plus grand nombre.

Mgr Meignan, évêque de Châlons, avait projeté de fonder dans son diocèse une feuille hebdomadaire comme celles que possédaient déjà plusieurs diocèses de France. Cette feuille, étrangère à la politique devait être une revue religieuse et littéraire, en même temps que le moniteur du clergé où se trouveraient les communications épiscopales et qui contiendrait des articles de piété, des chroniques propres à l'édification et à l'instruction religieuse des fidèles. Elle ne devait point omettre, pour être intéressante à la classe éclairée de ses lecteurs, les sciences, les arts et surtout l'archéologie religieuse qui pouvait fournir une mine inépuisable.

Mais il fallait trouver un directeur qui eût le temps de s'en occuper et qui voulût bien s'en charger.

Mgr l'Evêque jeta les yeux sur l'abbé Aubert et sur un comité de collaboration qui devait lui venir en aide. La *Semaine champenoise* fut fondée au mois d'avril 1866. Les évènements de l'invasion étrangère en interrompirent la publication en octobre 1870, au moment où elle était le plus florissante.

Pendant près de cinq ans, l'abbé Aubert ne connut ni peine ni fatigue pour accomplir sa mission ; il venait de Juvigny à Châlons au moins deux fois par semaine, en toute saison et par tous les temps, pour les besoins de la rédaction et de l'impression.

Dans cette petite feuille, qui donnait, chaque semaine, 16 pages in-8°, l'abbé Aubert écrivait tous les articles d'hagiologie, de liturgie, de bibliographie. Il devait réviser les articles qui étaient communiqués, faire les extraits d'ouvrages d'actualité dont on voulait donner la communication aux abonnés, et rédiger ou réviser les petites chroniques et faits divers pouvant intéresser les lecteurs.

Le nombre des articles sortis de sa plume est très-considérable ; chaque numéro en contient plusieurs. Tous sont remarquables par la beauté du style et l'élévation de la pensée ; un certain nombre de morceaux peuvent même être considérés comme des modèles du genre.

Aussi n'est-ce pas sans motifs qu'il fut heureux et fier de l'approbation donnée à cette œuvre par le souverain pontife. Il fut saisi d'une vive émotion quand la rédaction de la *Semaine champenoise* reçut les félicitations et la bénédiction de Sa Sainteté Pie IX, par un bref en date à Rome du

19 octobre 1867. Il avait droit à une grande part de ces éloges ; aussi en conserva-t-il un touchant souvenir (1).

(1) Bref de S. S. Pie IX à la Rédaction de la *Semaine champenoise :*

TEXTE.	TRADUCTION.
Dilectis Filiis Rectori et scriptoribus ephemeridis, cui titulus LA SEMAINE CHAMPENOISE, *Catalaunum.*	A nos chers *fils, le Directeur-Gérant et les Rédacteurs de* LA SEMAINE CHAMPENOISE, *à Châlons.*
Pius PP. IX.	**Pie IX, pape.**

Dilecti Filii, salutem et Apostolicam Benedictionem. Religiosa illa et litteraria recensio, quam suscepistis, licet a Nobis nondum lecta ob graves multiplicesque curas quibus occupamur, nequit Nobis non esse acceptissima. Cum enim quotidie immanior errorum colluvies irrumpat ad christianum populum pervertendum, omni profecto laude dignum est illorum propositum, qui foedo huic torrenti aggerem aliquem opponere conantur. Nec aptiore profecto ratione leniri aut praeverti possunt damna inferenda a scriptis, quae passim cuique obtruduntur, quam per sanas religiosasque ephemerides omnibus obvias, quae impudentiam illorum retundant, necessariumque et paratum propinato veneno suppeditent antidotum. Hortamur itaque Vos, ut freti semper doctrinis, quae ab hac veritatis Cathedra procedunt, initum opus alacriter prosequamini, religioni simul et patriae pro viribus consulturi. Opportunam idcirco sapientiam prudentiamque Vobis adprecamur a Deo, cuius favoris auspicem et paternae Nostrae benevolentiae pignus Apostolicam

Bien-aimés fils, Salut et Bénédiction apostolique.

Les soins graves et multipliés qui Nous environnent, ne Nous ont pas encore permis d'achever la lecture de la Revue religieuse et littéraire que vous publiez : toutefois l'hommage de votre recueil ne peut que Nous être très-agréable. Chaque jour on voit le mensonge et l'erreur, pour pervertir les populations chrétiennes, tomber sur elles, comme une avalanche effroyable. Ils sont vraiment dignes d'éloges les écrivains qui déploient leur énergie pour opposer une digue à ce torrent corrupteur. Le moyen le plus efficace de prévenir ou d'amoindrir l'effet du poison, qui grâce à ces productions impies s'inocule partout, c'est la publication des Revues religieuses accessibles à tous les fidèles. Elles refoulent ces écrits dictés par l'impudence et la haine ; elles présentent avec douceur le contrepoison nécessaire pour neutraliser l'effet de leur mortel breuvage. Courage donc, fils bien-aimés ! Toujours forts de la doctrine de vérité qui tombe de la Chaire de Pierre, continuez avec toute votre ardeur l'œuvre

Il préparait à cette époque une seconde édition augmentée et savamment annotée de son *Histoire de Saint-Remy*, et travaillait aussi à un ouvrage important sur la vie des chanoines honoraires et titulaires du diocèse de Châlons dont il rassemblait pied à pied les documents. Ce travail resta inachevé, cependant l'affection de sa famille lui suggéra l'idée de publier, à titre de pieux hommage à sa mémoire, en même temps que la seconde édition de l'*Histoire de Saint-Remy*, les notices terminées sur un assez grand nombre de chanoines, telles qu'elles se trouvaient dans ses cartons. Ces deux ouvrages posthumes viennent d'être édités, et cette notice accompagne le dernier.

Mais hélas ! nous verrons bientôt ses forces trahir son courage. Avant d'arriver au suprême dénouement que prépare une mort prématurée, nous avons encore à parler de l'homme, de l'ami, du prêtre.

Benedictionem peramanter impertimur.

Datum Romae apud S. Petrum die 19 Octobris 1867.

Pontificatus Nostri Anno XXII.

PIUS PP. IX.

Propria manu.

que vous avez entreprise : car dans la limite de vos forces, vous travaillez et pour la Religion et pour la patrie. Nous demandons pour vous à Dieu la sagesse et la prudence si nécessaire à notre époque ; et en gage de Notre paternelle affection, Nous vous accordons de tout notre cœur Notre Bénédiction apostolique.

Donné à Rome, près S. Pierre, le 19 octobre de l'année 1867, de notre pontificat la 22e.

PIUS PP. IX.

Propria manu.

Semaine champenoise, 2e année, 1867-1868, p, 434. L'original est entré les mains de l'imprimeur-gérant.

VI

Il n'est pas besoin de s'étendre davantage pour caractériser cet homme au cœur d'or. La modestie et la simplicité formaient le fond de son caractère; bon avec tout le monde, il eut des amis dans toutes les classes de la société. Ce n'était point pour lui qu'il faisait valoir ses hautes relations ; mais si un ami avait besoin de ses services, il utilisait aussitôt toute son influence, au profit de celui qui réclamait son obligeance. Que ne fit-il pas dans l'intérêt commun ou particulier de ses paroissiens ? Au premier signe de besoin, il se mettait en campagne, et sa persévérance fut le plus souvent couronnée de succès. Tout, chez lui, était au service de ses amis, sa plume, ses conseils et jusqu'à sa bourse.

Mais il ne savait pas dissimuler, et sa franchise tourna quelquefois contre lui. C'est le sort réservé à tous les honnêtes gens en ce monde.

Si nous ne sommes pas compétent pour juger le prêtre, il nous est bien permis, ayant si bien connu l'homme, d'affirmer les qualités de l'ecclésiastique, que l'on ne vit jamais sacrifier ses devoirs à aucune considération. D'ailleurs, les exemples de l'oncle qui protégea sa jeunesse, l'affection de ses confrères, son dévouement absolu au service de l'Église à laquelle il consacra ses talents et sacrifia sa santé, enfin la confiance que lui accordèrent ses supérieurs nous autorisent à croire que notre jugement aura l'approbation de ceux qui sont constitués ses juges naturels, et nous en avons encore le témoignage irrécusable de son évêque.

Mᵍʳ Meignan voulut récompenser ses services, et lui conféra, par décision du 29 octobre 1869, le titre de chanoine honoraire. A cette occasion, il lui écrivait lui-même en ces termes (1) :

« Châlons, le 29 octobre 1869.

« Mon cher Directeur,

« Le zèle pieux avec lequel vous dirigez depuis plusieurs années la *Semaine Champenoise*, le talent que vous montrez, le courage tout chrétien qui vous a fait soutenir une œuvre laborieuse, qui a eu ses difficultés et ses peines, le bon esprit de vos articles, l'amour de l'Église, du Saint-Père, le respect filial à l'égard de l'autorité diocésaine, toutes ces considérations m'ont déterminé à vous nommer Chanoine honoraire de ma cathédrale.

« Mon Conseil a été unanime à juger avec moi que la distinction qui vous était accordée était des plus méritées, et qu'elle aurait l'avantage de faire un véritable plaisir aux lecteurs de la *Semaine*, accoutumés à goûter le petit festin doctrinal et littéraire que vous leur offrez chaque dimanche.

« Croyez, mon Cher Directeur, à toute mon affection.

« † GUILLAUME, *évêque de Châlons.* »

(1) *Semaine champenoise*, 1869-1870, 4ᵉ vol. p. 439.

VII

Là ne se seraient sans doute point arrêtées les faveurs épiscopales, si la mort de l'abbé Aubert n'était venue en interrompre le cours.

Sa santé ne put résister à ce labeur de bénédictin ; il recueillit bientôt les germes de la maladie à laquelle il devait succomber.

La mort de sa mère bien-aimée avait laissé en lui un fond de chagrin qui ne fut pas sans influence sur son tempérament.

Au printemps de 1870, il fut atteint d'une maladie grave qui le mena aux portes du tombeau ; cependant il parut entrer en convalescence et continua à s'adonner à un travail maintenant au-dessus de ses forces ; en même temps, il s'occupait de nouveau de l'ornement de son église. Au moyen des ressources de la fabrique, de souscriptions et de sacrifices personnels, il avait fait exécuter dans les ateliers de M. Bréhon, sculpteur à Châlons, un autel monumental du xiiie siècle, qui ne devait être consacré, hélas ! que pour servir à ses funérailles.

Au mois de juillet 1870, il alla passer, aux eaux minérales de Luxeuil, une saison, dont il se trouvait fort bien. Mais les évènements de la guerre, qui suivirent son retour et les soucis de l'invasion eurent bientôt détruit tout le bon effet des eaux. Il se soutint encore jusqu'après l'hiver ; il accepta les services d'un confrère qui était en même

temps son ami dévoué, M. l'abbé Chapusot curé
de Jâlons, pour la direction de la *Semaine champenoise*, et ce n'était point sans de vives souffrances qu'il pouvait encore remplir ses devoirs
pastoraux.

Au printemps, le mal empira ; il fut obligé de
se mettre au lit, d'où il ne se releva plus, tout en
conservant, presque jusqu'à la fin, l'espoir de gué-
rir encore. Il se rattachait à la vie par le vif désir
de reprendre ses chères études, jusqu'à ce qu'enfin muni pour le Ciel de ses bonnes œuvres et des
Sacrements de l'Eglise, il succomba le 10 juillet 1871,
entre les bras de son vieux père, à l'âge de 51 ans
5 mois.

Ses funérailles furent magnifiques et une grande
affluence de clergé et de personnes de toutes les
conditions accompagnèrent son cercueil.

Sa tombe ne se recouvrit point sans que des voix
amies n'eussent publié ses mérites et témoigné
des regrets sincères de ceux qui l'avaient connu.

Au nom de la Société d'agriculture, M. Ch. Remy,
vice-secrétaire, s'exprima en ces termes :

MESSIEURS,

Pardonnez à mon émotion : cette tombe, ouverte devant
nous, va se refermer sur les restes mortels de mon ami d'enfance ; et c'est à cause de cette considération que la Société
d'Agriculture, Commerce, Sciences et Arts de la Marne
m'a délégué pour payer à la mémoire de feu M. l'abbé
Pierre-Alexandre Aubert, curé de Notre-Dame de Juvigny, chanoine honoraire, son tribut de regrets, et pour lui
dire un dernier adieu sur cette terre, où il a laissé parmi
ses collègues de si affectueux souvenirs.

Je n'ai point l'intention de retracer ici sa vie, si pleine de bonnes actions, ni sa carrière sacerdotale dont ses paroissiens aimeront à conserver le souvenir ; je n'ai pas besoin de dire comment se forma notre amitié, qui date, sans interruption, des bancs de la classe : il aimait ses condisciples jusqu'au sacrifice ; comment n'aurait-il point conservé d'amis parmi eux ?

Mais je dois refouler en ce moment l'effusion de mes sentiments, pour ne m'occuper que de sa vie littéraire.

C'était pour lui une vocation, et dès le temps de ses humanités, il hasarda plus d'un essai dont quelques-uns de ses camarades eurent les prémices, et qu'alors nous ne trouvions point sans mérite ; puis il entretenait avec les amis absents des relations épistolaires dont la littérature faisait les frais.

Bientôt, devenu prêtre, il occupait à l'étude les loisirs que lui laissait son ministère ; en 1849, il publiait son *Histoire de Saint-Remy*, qui lui valut une lettre de félicitations de Mgr de Prilly, évêque de Châlons ; c'est une étude sur les origines de la monarchie française. M. l'abbé Aubert inséra quelques articles dans les journaux littéraires de Paris et de la province, et recueillit bientôt un grand nombre de récompenses et de diplômes de la part des nombreuses sociétés dont il était membre et effectif collaborateur.

Dans tous ces travaux, sa plume élégante et facile, en traitant tour à tour les sujets les plus variés, savait, sans affectation, répandre sur le tout un religieux parfum de morale chrétienne.

C'est ainsi qu'il préluda à un ouvrage éminemment sympathique à sa paroisse, et d'une grande valeur ; je veux parler de son *Histoire de Notre-Dame de Juvigny*, qui lui valut de la Société d'agriculture de la Marne, dont il était déjà correspondant, une haute récompense honorifique et l'entrée dans son sein avec le titre de membre titulaire non résidant (1855.)

Depuis lors, quelle ne fut point sa prodigieuse fécondité ! Aucun membre ne fut plus actif et plus exact aux séances que lui, malgré la distance qui le séparait du siége de la réunion.

Chaque année il apportait comme une moisson de rapports et d'opuscules sur tous les sujets et particulièrement sur la liturgie, sur l'archéologie et sur l'histoire du pays.

Comment ne point citer sa *biographie du président Croissant*, ses *Notices sur Roger II* et *sur Mgr Leclerc de Juigné*, tous deux évêques de Châlons, ses rapports lus en séances publiques, sur *le Concours historique de 1863*, sur *le Repos hebdomadaire*, et aussi au sujet de *l'Influence des familles nombreuses sur le bonheur et la prospérité des cultivateurs.*

Il enrichit encore l'histoire locale par l'importante publication de manuscrits inédits, tels que : *Mémoires historiques sur la Champagne*, par l'abbé Beschefer ; *Chaalons ancien et chrétien*, par l'abbé Garnier ; sans compter tout ce qu'il écrivit pour aider les autres ; il était assez riche pour être généreux.

Je me complais, Messieurs, dans l'énumération de ses mérites littéraires; que serait-ce si je parlais de son cœur ? Ses condisciples le chérissaient, ses collègues l'appréciaient, ses familiers ne pouvaient se lasser de sa société, et les étrangers eux-mêmes étaient sous le charme de ses qualités et de sa bienveillante simplicité.

Je laisse la place à d'autres, qui vous parleront de ses travaux comme secrétaire du Comice agricole de Châlons et comme rédacteur en chef de la *Semaine Champenoise*, et je donne un dernier adieu de tous ses collègues de la Société d'agriculture de la Marne à l'ami qui n'est plus, et qui fut surtout utile pendant sa vie ; il pouvait l'être longtemps encore, si sa santé n'eût été lentement minée par des travaux incessants.

Père infortuné, frères et sœurs qu'il chérissait, paroissiens, objets de sa sollicitude, et vous, ses amis qui m'entourez, consolez-vous ; il avait accompli sa tâche avant le soir. Dieu s'est hâté de le récompenser en l'appelant au Ciel. Nous avons l'espoir de l'y retrouver dans l'autre vie !

Ensuite M. Ponsard, président du Comice agricole central de la Marne prononça des paroles de regrets bien senties, tant en son nom qu'en celui du Comice :

MESSIEURS,

Au nom du Comice, je viens sur la tombe de celui que nous pleurons adresser un suprême adieu !

Qu'à jamais vive son nom dans les annales du Comice dont il fut, pendant vingt ans, le secrétaire fidèle, spirituel et zélé. Avec quel bonheur il se dévouait aux intérêts de notre association ! Avec quel charme sa plume élégante rendait compte de nos réunions !

S'il était pourvu des nobles dons de l'intelligence, que dire des qualités de son cœur si aimant, si dévoué ? Peu d'hommes auront eu autant d'amis. La sympathie qu'il éveillait au premier abord, se transformait en affection sincère et durable.

Aussi était-il l'âme du Comice, et sa mort est pour nous un irréparable malheur.

Adieu, cher Aubert ; pense à nous du haut du Ciel ; plains tes amis, tes pauvres amis qui désormais ne presseront plus ta main loyale. Adieu !

Enfin M. Le Roy, imprimeur-libraire à Châlons, fit au directeur de la *Semaine Champenoise* les adieux touchants du gérant et des lecteurs.

Voici le discours qu'il prononça :

MESSIEURS,

Au moment où cette tombe va se refermer sur la dépouille mortelle d'un ami, hélas ! trop prématurément ravi à nos affections, qu'il me soit permis de prendre un instant la parole pour y déposer un humble hommage et exhaler ensemble notre commune et trop juste douleur.

Messieurs, la Providence divine, dont les œuvres sont toujours marquées du sceau de la magnificence, se plaît quelquefois à former des natures d'élite pour les montrer à la terre, semblables à de lumineux tableaux où se reflètent avec plus de plénitude les traits de notre céleste origine. Le prêtre éminent, dont nous pleurons la perte si douloureuse, doit être compté parmi ceux qui ont été les heureux objets des complaisances du Ciel ; car il réunissait à la fois les plus brillantes et les plus exquises qualités de l'intelligence et du cœur. Aussi pouvons-nous dire qu'en lui ce rare assemblage d'aptitudes et de vertus exprimait avec excellence l'idée de la dignité humaine. Mais dès le jeune âge il avait compris que le bon serviteur doit faire fructifier au centuple le talent que le ciel lui avait confié. Et de là cette ardeur quotidienne de notre excellent ami pour les âpres labeurs des recherches scientifiques et littéraires.

Vous venez d'entendre quelle part active fut la sienne dans les travaux des différentes Sociétés dont il était membre. D'autres aussi vous rediront les nobles qualités qui ont fait de lui un homme vertueux, un ami dévoué et par dessus tout un prêtre éminent dans toute sa carrière sacerdotale ; qu'il me soit permis, au nom d'un Comité plus obscur et plus modeste, de vous le montrer à l'œuvre dans une partie plus restreinte de ses travaux intellectuels :

Messieurs, au moment où tombaient sur notre malheureuse France ces calamités qui pèsent sur elle, depuis bientôt une année entière, il existait pour le diocèse de Châlons un journal religieux, petite publication bien humble, bien modeste, dont on peut faire l'éloge en disant *qu'on la regrette depuis qu'elle a cessé de paraître.* La *Semaine Champenoise* eut, à l'origine, M. l'abbé Aubert pour un de ses plus actifs collaborateurs ; et bientôt la rédaction principale lui en fut dévolue d'une commune voix. Dans cette petite feuille hebdomadaire apparaît avec éclat le talent multiple de notre cher défunt. Tous les genres d'écrire lui sont familiers : la doctrine grave et austère du catholicisme, la philosophie morale, la polémique religieuse, l'hagiographie, l'archéologie, la légende, tout y est traité avec un égal bonheur.

Sous sa plume facile on voit continuellement déborder les exquises tendresses d'une âme délicate et sensible et les généreuses aspirations d'un grand et noble cœur. Par dessus tout, c'est l'amour de Dieu et l'attachement inébranlable à la Sainte Église de J.-C. ; c'est l'enthousiasme pour les grandes infortunes du souverain Pontife et pour la vertu outragée ; c'est la compatissance la plus affectueuse pour le malheur.

Au milieu des labeurs de cette œuvre toute de dévouement, deux récompenses bien flatteuses devaient, à différents intervalles, surprendre agréablement la modestie de M. l'abbé Aubert.

En l'année 1868, N. S. P. le Pape Pie IX, daigna envoyer un Bref apostolique à la Rédaction de la *Semaine Champenoise*, dans laquelle notre cher défunt occupait une si large place.

En 1869, le vénéré Prélat, qui occupe le siége épiscopal de Châlons, Mgr Meignan, lui offrit les lettres de chanoine honoraire de sa cathédrale en témoignage de sa haute affection et de son estime particulière pour les services qu'il avait rendus au diocèse et à la religion.

Mais pourquoi faut-il qu'en rappelant ces nobles récompenses, accordées au mérite modeste et au dévouement le plus absolu, nous ayons à verser des larmes sur un tombeau ? Non, ce tombeau ne renferme pas notre ami tout entier : nous n'avons là que ses restes mortels. La partie la plus noble de lui-même, son âme si belle et si pure, est remontée à la céleste patrie, où elle s'abreuve à longs traits, dans la vue de Dieu, des délices ineffables de la science et de la vérité éternelle.

Adieu ! Prêtre vénéré, ô vous qui, sur la terre avez été notre plus fidèle ami ; adieu, ou plutôt au revoir ! car pour le chrétien, il n'y a pas d'adieu éternel !

VIII

Le testament de l'abbé Aubert témoigne de la bonté de son âme, de la générosité de son cœur et de l'élévation de ses pensées.

Après des dispositions relatives à sa famille qui témoignent d'une grande sollicitude pour les siens et pour la personne qui le servait depuis longtemps, après avoir imploré le pardon de Dieu et assuré à son âme les prières des vivants, il lègue à la fabrique de Juvigny les livres exclusivement ecclésiastiques contenus dans sa bibliothèque qui devront rester au presbytère pour l'usage des curés qui se succéderont dans cette paroisse.

Il laisse en outre à la même fabrique un beau calice moyen âge et une somme de cinq cents francs ;

A la fabrique de Thibie, patrie de sa mère et de son oncle, l'abbé Blion, un beau christ en ivoire qui avait appartenu à ce dernier ;

Et à celle de Poix, où il était né lui-même, un autre christ en ivoire.

Il n'oublie point ses amis, et quelques legs particuliers témoignent de sa reconnaissance pour les bons services qu'il a reçus de quelques-uns de ses confrères.

Le bureau de bienfaisance de Juvigny a aussi une part dans ses libéralités.

Enfin il laisse, à la Société d'agriculture, commerce, sciences et arts du département de la Marne, une somme de deux cents francs. Celle-ci, dans sa séance du 15 mars 1872, a décidé que cette somme serait placée au trésor public, et qu'avec les intérêts cumulés, un prix qui portera le nom du donateur sera délivré tous les cinq ans aux meilleurs procédés d'apiculture ou à ses applications théoriques et pratiques.

Tel est l'homme, tel est le prêtre, dont nous avons retracé la vie ; puisse cette notice que d'autres eussent faite avec plus de talent, être digne de lui par le sentiment qui l'a inspirée.

Nous dirons, en finissant, que la commune de Juvigny s'empressa d'offrir gratuitement dans l'endroit du cimetière que lui-même avait choisi, le terrain où il est inhumé (1). Bientôt un monument digne de cet ami, des arts, sera élevé par sa famille pour indiquer où repose celui qui fut un homme de bien, un prêtre éclairé et un ami dévoué.

Ch. REMY.

(1) Une tombe monumentale, actuellement en cours d'exécution dans les ateliers de M. Bréhon, sculpteur à Châlons, sur les plans de M. Clément, architecte à Rouen, sera incessamment élevée sur sa fosse, qui est située à l'angle extérieur formé par le transept et l'abside.

INTRODUCTION

Saint Remi parut à l'une des plus grandes époques de transition que présentent les annales du
monde. C'était la lutte entre l'ancienne civilisation
et la barbarie, qui portait dans son sein le germe
de la civilisation moderne. L'empire d'Occident,
assailli de toutes parts, de toutes parts entamé et
démembré, inclinait visiblement vers une dissolution prochaine. Les Romains ne se dissimulaient
pas à eux-mêmes leur état de décadence et de
ruine. Les Gaulois du centre se remuaient pour
ressaisir un reste de leur vieille indépendance. De
là ces séditions armées, ces irruptions terribles des
Huns et des Vandales.

Deux grands faits dominent cette mémorable
époque dans les Gaules : la puissance romaine
affaissée sous le poids de sa propre grandeur, et
les dépouilles de l'empire passant aux Barbares.
« Puis, quand la poussière qui s'élevait sous les
pieds de tant d'armées, qui sortait de l'écroule-
ment de tant de monuments, fut tombée ; quand

1.

les tourbillons de fumée qui s'échappaient de tant de villes en flammes furent dissipés ; quand la mort eut fait taire les gémissements de tant de victimes, quand le bruit de la chute du colosse romain eut cessé, alors on aperçut une croix, et au pied de cette croix un monde nouveau (la nation franque). Quelques prêtres, l'Evangile à la main, assis sur des ruines, ressuscitaient la société au milieu des tombeaux, comme Jésus-Christ rendit la vie aux enfants de ceux qui avaient cru en lui (1). »

Car, quel fut le principe de cette société nouvelle ? de son développement, de sa grandeur ?

Le Christianisme, qui était sorti du côté de Jésus-Christ, au coup de lance du soldat païen, se présenta au peuple franc, notre aïeul encore idolâtre. Après l'époque des Martyrs était venue celle des Confesseurs du Christ parmi les nations barbares (2). Ardents missionnaires, on les voyait se répandre sur le sol de notre patrie, et étonner les

---

(1) De Châteaubriand : *Etudes historiques* ; *ad finem*.

(2) On distinguait, dans les premiers siècles de l'Eglise, deux classes de saints : 1° les martyrs ; 2° les confesseurs. On désignait sous ce nom général tous les saints prêtres ou laïques. Hincmar et Flodoard appellent souvent saint Remi *Confessor Christi*. Le bréviaire romain lui donne aussi ce glorieux titre.

Et, en effet, dit saint Bernard, il est un genre de martyre, et une manière de répandre son sang, qui consiste dans les mortifications que l'on fait subir chaque jour à son corps ; il est moins horrible, à la vérité, que l'aspect du fer qui tranche le corps, mais il est plus dur à supporter, à cause de sa longue durée.

peuples par des miracles surprenants. Leur vie pure était un enseignement que comprirent ces idolâtres. (Voir l'*hist. de sainte Radegonde*, ch. 1ᵉʳ, page 16).

Enfin, le jour où l'un de nos rois s'écria : *Dieu de Clotilde, je crois en vous*, la nationalité des Francs, nos pères, rompait ses liens et s'abattait sur la Gaule. — C'est elle qui planait au-dessus du roi franc, lorsqu'il courba son front victorieux devant la majesté de Dieu.

Remi fut dans la main de la Providence l'admirable instrument dont elle se servit pour opérer cette merveille ; par lui, la vraie foi s'assit sur le trône des Francs ; et c'est ainsi que, ramenant tous les peuples gaulois à la grande unité catholique, scindée par l'hérésie arienne, il posa les premières bases de notre unité politique et nationale.

« Les évêques, a dit Gibbon (1), ont construit la monarchie française comme les abeilles construisent une ruche. »

Voulez-vous une preuve du zèle et de la prudente habileté des évêques à asseoir sur l'unité catholique et politique cette unité naissante ? Lisez cette lettre de saint Remi dans laquelle ce grand apôtre donne à Clovis les conseils d'une admirable sagesse et d'une sublime politique de charité, de justice et de tolérance.

Ce prince venait d'être élu roi ou duc militaire

(1) *Hist. de la décad.*, ch. 38.

des Francs-Saliens, et élevé sur un bouclier par ceux de sa nation. Ses états se composaient de la tribu de Tournay et du pays de Liége; ils confinaient à l'Artois et au Soissonnais. Saint Remi, en sa qualité de protecteur des Catholiques sujets du royaume des Francs, ne pouvait rester indifférent à ce qui se passait chez ses voisins, qu'il lui importait de se rendre favorables. C'est ce qui explique la part qu'il prit aux événements qui s'accomplissaient autour de lui, dans l'intérêt de l'ordre social, dont il était le représentant; dans celui de la religion, dont il était le ministre.

Après la conversion de Clovis, dont il avait été le promoteur (1), l'influence de saint Remi se fait sentir de plus en plus (2). Devenu le conseil nécessaire du premier roi chrétien, il fit servir cette influence au triomphe du catholicisme sur les erreurs de l'arianisme et de la fausse religion des Francs. Et c'est ainsi que, par le renversement successif des royautés ariennes, qui morcelaient

(1) Voir M. le baron de Bussières, hist. de sainte Radegonde, page 29.

(2) Saint Remi pose ainsi la pierre fondamentale de l'unité dans la foi et dans les mœurs du peuple franc tout comme Clovis établit la base de son unité dans la puissance; s'il est le fondateur du royaume quant à sa forme extérieure et matérielle, c'est incontestablement saint Remi qui a donné à la monarchie le principe de la vie de l'âme et de l'intelligence, et qui l'a préparée au grand rôle que l'avenir lui réservait. La part du saint est la plus belle des deux, et dans l'histoire de nos origines, le nom de saint Remi brille d'un éclat plus pur et plus brillant que celui de Clovis. (M. de Bussières, ch. 1er, page 20.)

l'unité morale des Gaules, il parvint à fonder notre unité nationale sur la base impérissable de l'unité catholique : œuvre immense où la main des saints, autant et plus même que celle des héros, a laissé sa glorieuse empreinte.

Voilà les titres de gloire de celui dont nous entreprenons d'écrire la vie; de saint Remi, un de ces hommes suscités de Dieu, qui a le plus marqué dans notre histoire par ses vertus, par son génie; de saint Remi, l'une des plus grandes figures du cinquième siècle : « le thaumaturge de la France, « et l'incomparable ouvrier des miracles de la « grâce. » (D. Marlot. liv. 5e, ch. vre).

Au milieu du mouvement historique et littéraire qui s'opère, nous avons essayé, pour notre faible part, de faire revivre une des plus saintes et plus belles illustrations de notre pays ; nous avons donc réuni avec soin, dans ces pages, les principales actions du saint évêque de Reims, dont plusieurs se lient si intimement à l'histoire des commencements de notre monarchie; nous avons raconté ses miracles sans détour et sans explication humaine, recueillant avec piété les croyances des siècles de foi, acceptant ces traditions antiques avec amour, pour ne pas faire de cette vie de saint Remi une espèce de panégyrique uniforme de toutes les vertus, encadré entre deux dates, la date de la naissance et la date de la mort.

Au reste, qui voudrait calomnier des traditions

dont le récit a charmé le berceau de nos aïeux,
« qui ont revêtu nos cathédrales de leur plus
gracieuse parure, semé sur leur passage toutes les
merveilles de l'art chrétien? » — Nous accuserait-
on de gothiques superstitions? « Sublime barbarie
qui sculptait le portail de Reims, la magnifique
Eglise de Saint-Remi ! Bienheureuse superstition
qui écrivait son symbole sur les voussures de
Notre-Dame de Paris, et ciselait le délicieux bijou
de Notre-Dame de l'Epine? »

Pour écrire la vie de saint Remi, les sources ne
nous ont pas manqué ; nous avons puisé aux plus
pures et aux plus anciennes.

Grégoire de Tours, le père de notre histoire, est
le premier qui nous ait transmis le récit des actions
de saint Remi, dans son *Histoire ecclésiastique des
Francs*, depuis l'établissement du christianisme
dans les Gaules par saint Pothin, évêque de Lyon,
jusqu'à l'an 595.

Le célèbre Hincmar, l'un des prélats les plus
savants et les plus vertueux de son temps, com-
pulsa les anciens mémoires enfouis dans les archives de sa cathédrale, *les digéra*, comme il le
dit lui-même, et donna une vie de saint Remi qui
a servi de modèle à ceux qui l'ont écrite depuis.

Cette vie est un des plus précieux monuments
des antiquités françaises, parce que l'auteur l'a
tirée en partie d'une ancienne vie de l'apôtre des
Francs, écrite peu d'années après sa mort. « Les

habitants de Reims, dit Hincmar, ont entendu dire à leurs pères qu'ils avaient vu autrefois un livre assez gros, écrit en caractères fort anciens, et qui contenait l'histoire de saint Remi ; mais nous en avons perdu une grande part. Egidius, quatrième évêque après saint Remi, engagea Fortunat (1) à extraire de ce livre les principaux faits qui s'y trouvaient rapportés. Cet extrait réussit tellement, qu'on s'en servit pour lire au peuple la vie de saint Remi. On négligea de veiller à la conservation de l'original.

« Durant les guerres civiles du temps de Charles Martel, plusieurs livres de la bibliothèque de Reims furent perdus et d'autres mutilés. Lorsque nous avons voulu nous servir de l'ancienne vie de saint Remi, nous n'avons pu en retrouver que quelques cahiers séparés, encore sont-ils endommagés. Il a donc fallu recourir aux chartes, comme

---

(1) Venance-Fortunat, né près de Trévise, en Italie, fit ses études à Ravenne, et alla ensuite s'établir à Tours, où il se lia d'une étroite amitié avec saint Grégoire. La pieuse Radegonde l'invita à venir à Poitiers faire l'éducation politique de Sigebert. Plus tard il fut élevé sur le siège épiscopal de cette ville, qu'il occupa saintement jusqu'à sa mort, arrivée vers l'an 609. Il est auteur du *Vexilla regis prodeunt.*

Venantius Honorius Clementianus Fortunatus, prêtre et plus tard évêque de Poitiers. Fortunat, né en Italie, avait fait dans la Gaule un voyage de dévotion durant lequel il était arrivé à Poitiers. Il s'était lié avec Radegonde d'une amitié sainte et chaste qui le décida à se fixer dans la même ville qu'elle. Il devint son conseil et son appui dans les affaires temporelles et son premier historiographe. (De Bussières, II, introd.)

à ce que disent de notre Saint les histoires écrites
par nos ancêtres ; il a fallu, de plus, recueillir les
faits que la tradition a conservés (1). »

Cette vie, écrite par Hincmar, (2) doit être regardée plutôt comme un monument du sixième
siècle que comme une production du neuvième,
puisqu'il s'est servi, pour la composer, d'ouvrages
écrits dès le sixième siècle. Elle mérite donc toute
croyance.

Un chanoine de la métropole, Flodoard, (3) a

(1) Extrait de la vie de saint Remi, par Hincmar, cité par
l'abbé Dubos, *Histoire de la monarchie française*, tome II.

(2) La meilleure édition des œuvres d'Hincmar est celle du P. Sir-
mond, 2 vol. in-fol. Cependant on ne trouve dans cette édition ni
les vies de saint Remi et de saint Denis, recueillies par les Bollan-
distes, ni les actes du concile de Douzy, donnés par le P. Cellot,
en 1658, ni d'autres opuscules publiés par le même, en 1688. La
préface de l'*Histoire* de Richer, moine de Saint-Remi, parle des
annales écrites par Hincmar ; cet ouvrage ne se trouve plus.

(D. M. Note des éditeurs, liv. 7e, chap. 32.)

(3) Flodoard était nastif d'Espernay et clerc de l'Eglise de
Reims, — il s'adonna tellement en la lecture des bons livres et
des anciennes chartes qu'il devint sçavant en l'histoire, celle qu'il
a composée étant le fanal et le guide plus asseuré que nous ayons
pour pénétrer dans les nuages de ce siècle confus et stérile en
écrivains. Le cardinal Baronius le tient pour un très-exact et
fidèle historien.

Sa chronique commence à saint Sixte Ier, archevêque de Reims,
et finit en l'an 966, année de son décès.

Flodoard avait été curé de Cormicy et devint plus tard chanoine et religieux bénédictin.

Levasseur dit que Flodoard fut élu par les deux clergés de
Noyon et de Tournay, mais non confirmé le 2 juillet 950.
D. Marlot estime qu'il aura été abbé de Saint-Basle.

Voici l'éloge qui luy est donné par l'auteur du supplément de

laissé aussi une *Histoire de l'Eglise de Reims*, dans laquelle il s'est longuement étendu sur la vie de saint Remi.

Nicolas de Larisvilla a décrit la vie de saint Remi, en un style fort élégant, avec quelques homélies qui se lisent dans un manuscrit; il mourut en 1410, il était moine de l'abbaye de Saint-Remi. (D. Marlot. (1) liv. VII, parag. 17.)

Le P. Jean Dorigny, de la Compagnie de Jésus, a

la chronique : Ipso anno (966), vir vitæ venerabilis, et remensis ecclesiæ presbyter, nomine Flodoardus, honore sanctitatis venerandus, castitatis splendore angelicus, fulgore sapientiæ cœlicus, cœterarumque virtutum insignibus abundanter oppletus, prœcedentis libelli aliorumque librorum dictator egregius, quinto calendas aprilis terrenœ peregrinationis relinquens exilia, civica, ut credimus adeptus est jura. (D. Marlot, liv. 8ᵉ, ch. 34ᵉ.)

(1) **Dom Guillaume Marlot** naquit à Reims en 1596. A treize ans, il était novice de l'abbaye de Saint-Nicaise dont il devint grand-prieur. C'est au prieuré de Fives, près de Lille, qu'il composa l'*Histoire de la ville, cité et université de Reims*, qui fut d'abord publiée en latin sous le titre de : *Metropolis Remensis Historia à Flodoardo primum arctius digesta, nunc demum aliunde accersitis plurimum aucta et illustrata, et ad nostrum hoc sœculum fideliter deducta.* Elle parut en 2 vol. in-folio, le premier imprimé à Lille, en 1666; le second à Reims, en 1679.

Le texte français était le texte original. Les confrères de Marlot, lui représentèrent qu'il était ridicule de se servir de la langue maternelle pour écrire cette *Histoire*, et le docte Marlot se mit avec une naïveté patiente et courageuse à traduire luimême ses manuscrits. L'Académie de Reims a mis au jour, en 1844, cette savante et consciencieuse *Histoire de la ville de Reims*, en 4 vol. in-fol. Le 5ᵉ livre est tout entier consacré à la vie de saint Remi. J'ai puisé largement à cette source de science. — Marlot était mort le 7 octobre 1667, dans la 71ᵉ année de son âge. (Voir l'*Encyclopédie cath.*, art. Marlot.)

1*

publié un ouvrage intitulé : *Histoire de la vie de saint Remi, archevêque de Reims, apôtre des Français, et des différentes translations de son corps, avec des notes et des dissertations qui ont rapport à cette histoire;* — Châlons et Reims, 1714, in-12.

L'auteur est exact dans ses recherches, et il a enrichi son ouvrage de beaucoup de notes savantes. Il est pourtant un peu diffus, et s'étend trop longuement sur les translations des reliques du Saint.

Tels, dont les noms nous échappent, ont aussi consacré le souvenir de ses vertus à l'admiration de la postérité. Chacun a voulu ajouter une page à la pieuse vie, une fleur à la couronne éclatante de ce héros de la foi.

En 1846, a paru une *Histoire de saint Remi*, par M. Prior (Armand) ; nous l'avons consultée avec fruit ; nous avions, au reste, puisé tous deux aux mêmes sources.

Ces détails ont paru nécessaires. Garants de la fidélité historique de ces pages, ils seront aussi les témoins de la vénération profonde qui de tout temps environna le nom de l'apôtre des Francs.

Que si j'ai entrepris de faire couler ce petit ruisseau qui part d'une source inégale pour se joindre à de si larges fleuves, ce n'est pas que je prétende quelque réputation ou louange dont je suis fort peu curieux, mais pour témoigner par mon travail l'obligation que toute la France doit aux mérites de ce saint apôtre, les faits mémorables duquel j'ai tâché de réduire, suivant l'ordre des temps et le plus asseuré calcul de la chronologie.

— D. Marlot, *Histoire de la ville, cité et université de Reims*, liv. 5ᵉ, ch. xxvᵉ.

HISTOIRE

DE

SAINT REMI

CHAPITRE PREMIER

436-458

Desseins providentiels de Dieu dans la révolution arrivée dans les Gaules au
Ve siècle. — Naissance miraculeuse de Remi. — Vertus de ses parents. —
son éducation. — Ses études. — Sa retraite.

Depuis près d'un siècle, des hordes de barbares,
les Huns et les Vandales, inondaient les Gaules et
et en faisaient un théâtre de guerres, de concus-
sions et de rapines. L'élément barbare commençait
à accomplir sa mission providentielle ; il se jetait
sur la province. Bientôt l'Empire cessa de la défendre et en retira ses troupes. La puissance romaine se repliait sur elle-même ; incapable de se
maintenir plus longtemps dans ses conquêtes, elle
les livrait aux envahisseurs. Trèves, capitale de
la Première Belgique, fut emportée et saccagée
à plusieurs reprises ; Reims, capitale de la seconde,
vit ses habitants dispersés et massacrés (1). Elle

(1) M. de Bussières, chap. Ier, page 16. Sainte Radegonde.

eut même aussi ses martyrs ; Nicaise, qui occupait
le siége épiscopal de cette ville, donna le premier
l'exemple du courage : un grand nombre de fidèles
marchèrent glorieusement sur ses traces et mou-
rurent pour leur Dieu (1).

. Baruch, successeur de saint Nicaise, recueillait
avec peine les débris sanglants de cette église
désolée, quand le Seigneur prépara le remède à
de si grands maux par la naissance de saint Remi.
« Les disgues étaient encore ouvertes, et une nouvelle gresle s'apprêtait pour accabler toute la terre,
lorsque la divine Providence fît luire un nouveau
soleil au milieu de ces bourrasques, je veux dire
le grand saint Remi, apôtre des Français, et l'une
des plus brillantes lumières de notre Eglise. »
(D. Marlot. liv. v, ch. 1er.)

En ce temps vivait à la Fère, près de Laon, un
solitaire aveugle nommé Montan (2). Tout occupé
des besoins de l'Eglise, alors troublée par l'hérésie
de Nestorius, sans cesse il adressait ses vœux au
Seigneur, le conjurant avec larmes de se laisser

---

(1) Après la résistance la plus vigoureuse, la ville de Reims
fut prise (406); les habitants se réfugièrent dans la cathédrale,
auprès de saint Nicaise, qui fut massacré à la porte de l'église,
au moment où il implorait la pitié des vainqueurs pour son malheureux peuple. Florent, son diacre, et Jocond, son lecteur,
tombèrent à ses côtés, ainsi que sa sœur Eutropie.

(2) On dit que Montan était fils de Turian, roi d'Allemagne.
Poussé du désir de la perfection, il changea la cour en désert.
Il vint poser sa tente en un lieu dit Wabrince, maintenant Juvigny,
sur la rivière du Cher, où était un monastère de vierges chrétiennes dont il fut le père spirituel. Du temps de Marlot, les
religieuses de Juvigny possédaient une partie de ses reliques
dans leur église ; l'autre est honorée dans l'église de La Fère.

attendrir devant les misères de son peuple. Un
jour que, dans la ferveur de son oraison, il s'en
plaignait tendrement, un doux sommeil appesantit
sa paupière ; une légion d'esprits célestes l'envi
ronne, et pendant qu'étonné il admire leur allé-
gresse, une voix s'élève et lui annonce que Dieu
va mettre un terme aux maux de son Eglise en
donnant à Cilinie un fils qui convertirait le roi et
la nation des Francs.

Montan se réveille, et se montre d'abord incrédule à cette révélation ; mais trois fois la vision
merveilleuse se renouvelle : Montan croit aux paroles de l'envoyé céleste.

Cilinie était avancée en âge (1) ainsi qu'Emilius,
son époux ; elle se défia des paroles du solitaire.

— Eh bien ! reprend celui-ci, vous aurez en moi-
même un témoignage de la vérité de mes paroles,
car je recouvrerai la vue en appliquant sur mes
yeux quelques gouttes du lait qui doit nourrir
l'enfant du miracle.

L'événement justifia pleinement la prédiction.
Neuf mois après, Cilinie eut un fils (436) ; il reçut
au baptème le nom de Remi. Montan recouvra la
vûe et vécut encore quelques années dans la solitude de la Fère, où il s'endormit dans la paix du
Seigneur, content d'avoir vu celui qui devait être
le salut et la consolation de son peuple (2). « Certes
quiconque voudra considérer la fin de l'oracle et

---

(1) *Richardus citatus à Larisvilla dicit Ciliniam fuisse* 90
annorum, cum B. concepit Remigium. (Mss Dom Marlot, liv. 5e,
chap. Ier, en note.)

(2) Ce saint solitaire mourut en 452, le 17 mai. C'est le patron
de la ville de la Fère.

les principales actions de saint Remi, trouvera
qu'il n'en pouvait avoir de plus mystérieux ; car
Remi vient du mot latin *Remus* qui nous fait entendre comme par l'adresse de sa doctrine il devait conduire la barque de notre Eglise à travers
les flots ondoyants de cette vie pour la faire surgir
en un port assuré. Quelques auteurs du moyen-
âge l'appellent *Remedius* comme si ses ferventes
prières avaient servi de lénitif et de salutaire remède aux faiblesses dont les Gaules étaient atteintes
pendant la crise de l'empire romain. » (D. Marlot,
liv. v, chap. 1er.) Sidonius Apollinaris et Gregorius
Turomensis *Remigium* vocant ; at Fredegarius,
Rabanus, et Martyrologium Noxeri *Remedium*.

La maison de Cilinie était une maison de sainteté
et de bénédiction. Cette femme était recommandable par sa piété et par ses vertus. Emilius, comte
de Laon, son époux, était un seigneur très-noble
et très-riche qui mérita les éloges de saint Sidoine-
Apollinaire. Emilius et Cilinie sont révérés en qualité de saints dans l'Eglise. On lit dans le marty-
rologe français : *XIII Januarii, Æmilius Laudu-
nensis comes, pater sancti Remigii.*

Cilinie mourut environ vers l'an 460 et fut en-
terrée à Laurigny, diocèse de Laon. Son corps fut
rapporté à Reims. Sa fête arrive le 20 octobre,
suivant nos martyrologes : *XII calend. novemb.
Landuno Clavato Natalis sanctæ Ciliniæ, matris
sancti Remigii.*

Le jeune Remi eut donc, dans sa famille et dans
sa nourrice, sainte Balsamie, de nobles exemples à
suivre, de grandes vertus à imiter. Son éducation
vint encore ajouter à l'heureuse influence de ces

exemples domestiques. Elle fut confiée à des maîtres aussi vertueux qu'habiles.

Ses progrès dans la vertu et dans la science furent également rapides. On voit encore des vers de sa composition, qui prouvent qu'on n'avait pas négligé de lui donner le goût de la poésie. « Son esprit était comme une belle plante, qui par ses productions, témoigne la fécondité de sa nature. sans que l'art y apporte ce qui est nécessaire aux autres. » (D. Marlot. liv. vᵉ ch. 3ᵉ.) Une politesse exquise, une douceur inaltérable, une sagesse peu commune et une piété angélique, rehaussaient l'éclat de ses belles qualités.

Indifférent pour tous les jeux, Remi se rendait docile aux impressions de l'Esprit-Saint. La solitude avait pour lui tant d'attraits qu'il résolut de rompre tout commerce avec les hommes. S'arrachant aux bras de ses parents et de ses amis, il se retira dans un lieu écarté où il n'eut que Dieu pour témoin de sa ferveur. « A peine eut-il passé dix ans pour recueillir ce qu'il y a de plus agréable dans les sciences humaines, qu'il voulut se retirer du tracas du monde pour vivre en solitude afin de digérer à part, à la façon des abeilles, le suc qu'il avait tiré. C'est chose bien étrange de voir comme le désert a toujours servi d'école aux plus grands saints, et comme le ciel a rarement élevé des personnes à chose grande, qu'elles n'aient fait en ce lieu leur apprentissage. »

Saint Remy quitta donc le monde à l'âge de seize ans pour vivre en un lieu assez écarté dans Laon où il demeura quelques six ans solitaire, s'adonnant à l'oraison et à l'étude de la sainte Ecriture. »

(D. Marlot. liv. v^e, ch. 3e.) Là, à l'exemple de saint
Jean-Baptiste, il redoubla ses jeûnes et ses prières,
joignant à l'innocence d'un ange l'austérité d'un
anachorète (1). Ainsi, cette âme forte travaillait,
sans le savoir, à se rendre digne de la suprême
mission que le Ciel allait lui confier.

(1) *Histoire de saint Remi,* par le P. Dorigny, liv. 1.)

CHAPITRE II

458

L'église de Reims allait bientôt sécher ses pleurs ; les temps marqués par la divine providence pour sa consolation étaient venus.

Bennade, quatrième évêque depuis saint Nicaise, était mort ; le peuple, qui exerçait alors le droit d'élection (1), s'était réuni pour choisir son successeur. D'un consentement unanime, les suffrages se réunissent sur la tête de Remi, dont le savoir et la grande piété jetaient alors le plus vif éclat. « Il ne fut pas besoin de beaucoup s'informer, car

(1) La tradition atteste, dit M. Prior Armand, *Histoire de saint Remi*, que c'était alors l'usage en vigueur. Mais si le peuple participait à l'élection de ses évêques, il ne faut pas croire que cette élection fût entièrement abandonnée à ses suffrages. D'après les règles établies par le quatrième canon du concile de Nicée, tenu en 325, cette nomination regardait les évêques seuls ; tous ceux de la province devaient y concourir, et trois au moins y assister en personne ; au métropolitain seul appartenait la ratification.

Quant au peuple et au clergé, il était requis de les appeler à cette élection, mais seulement pour les consulter et pour qu'il ne leur fût pas donné un pasteur inconnu ou peu aimé.

la réputation de sa bonne vie s'était tellement ré-
pandue par toute la province qu'elle servit de
flambeau pour le trouver. » (D. Marlot, ch. iiie.)

On cherche le pieux solitaire ; il est découvert,
et, malgré son humble résistance et ses pressantes
représentations sur son incapacité et sa jeunesse,
on s'obstine à le placer sur le siége de Reims.
Remi n'avait en effet que vingt-deux ans, et les
canons en exigeaient trente : *Concilium Neocœsar.*
cap. 11. *prohibet ne quis prœsbyter ordinetur ante*
annum trigesimum. D. M. note. Mais il y a des
vocations extraordinaires où Dieu semble dispenser
des institutions canoniques. Ainsi, saint Ambroise,
encore catéchumène, est appelé à l'épiscopat par
la voie d'un enfant. Un miracle aussi confirma
l'élection de Remi ; une lumière céleste l'investit
tout à coup ; « l'Eglise fut remplie de tant de lumières, qu'on eût dit que le soleil et les astres fus-
sent tombés pour l'éclairer. » Une huile sainte se
répand sur sa tête. Le peuple, à la vue de ce prodige, n'entend plus la voix de Remi ; de toutes
parts on s'écrie que Reims n'aura pas d'autre pontife. Remi croit ne devoir pas résister plus longtemps aux vœux empressés du peuple ; il se sou-
met à l'ordre du Ciel. Le choix universel est confirmé par le consentement des évêques de la province, et le jeune saint prend possession de son
siége.

L'église de Reims, autrefois la ville des basili-
ques, cette ville puissante, comme l'appelle saint
Jérôme (1), était une des plus considérables des
Gaules. Dès ce temps, comme aujourd'hui, elle

(1) *Remorum urbs prœpotens,* épist. Ad. Ageruch.

avait le titre de métropole. L'évêque (1) avait sous
sa juridiction les églises de Soissons, de Laon, de
Beauvais, de Châlons, de Noyon, de Cambrai, de
Tournay, d'Arras, de Thérouenne, d'Amiens et de
Senlis (2).

Remi était digne d'être le chef de ces églises. La
grâce et la nature avaient concouru à former ce
nouvel apôtre. Il était d'une haute taille, et parfaitement proportionnée ; il avait le front large, les
yeux vifs, la barbe longue, les traits du visage
beaux et réguliers. Tout son air avait quelque
chose de grave et de doux qui inspirait l'amour et
la vénération. Les qualités de l'âme répondaient en
lui à celles du corps : son esprit était éminent,
solide, vaste ; il était doué d'une grande sagesse,
jointe au zèle le plus ardent pour les intérêts de
Dieu, la conversion des pécheurs et des hérétiques : il était naturellement éloquent et savant
dans l'Ecriture Sainte, dont il faisait sa nourriture
quotidienne. Hincmar le compare à saint Paul lui-
même ; Grégoire de Tours (3) fait l'éloge de son

(1) Les métropolitains n'ont pris le titre d'archevêque que vers
le milieu du viie siècle. On le donne cependant à saint Remi,
parcequ'il est connu partout sous cette dénomination.

(2) L'église de Reims n'a jamais dégénéré de son ancienne
splendeur ; elle s'enorgueillit avec raison d'avoir eu pour pasteurs
les papes Adrien IV, Adrien V, Urbain II, et une foule d'hommes éminents par leurs vertus, tels que les Hincmar, les Lenoncourt, les Talleyrand, les Latil, les Gousset : ce dernier, aussi
pieux que savant, qui occupe en ce moment le siége de Reims.

(3) *Erat enim sanctus Remigius episcopus egregiæ scientiæ
et rhetoricis adprime imbutus studiis : sed et sanctitate ita
prælatus, ut sancti Sylvestri virtutibus æqueretur.* (Hist. francorum lib. 2°, cap. 31.)
Saint remi était un évêque d'une science fort admirable, et

éloquence, et Sidoine-Apollinaire le compare à un fleuve qui répand partout l'abondance de ses eaux fertilisantes (1).

Voici le portrait qu'en a tracé Flodoard (2) : « Saint Remi, dit-il, était libéral en aumône, assidu en vigilance, attentif en oraison, prodigue en bonté, parfait en charité, merveilleux en doctrine, toujours saint dans la conversation ; l'aimable gaîté de son visage annonçait la pureté et la sincérité de son âme, comme le calme de ses discours peignait la bonté de son cœur. Aussi fidèle à remplir en œuvres les devoirs du salut qu'à enseigner la prédication, son air vénérable et sa démarche imposante commandaient le respect, inspirant la crainte par sa sévérité, l'amour par sa bonté. Il savait tempérer la rigueur de sa censure par la douceur de sa bienveillance. Si l'austérité de son front semblait menacer, on se sentait attiré par la sérénité de son cœur. Pour les chrétiens fidèles, c'était saint Pierre et son extérieur imposant ; pour les pécheurs, c'était saint Paul et son âme tendre. Ainsi, par un double bienfait de la grâce, qui reproduisait en lui la piété de l'un et l'autorité de

___

grandement versé dans les préceptes de la rhétorique, et tellement éminent par sa sainteté qu'il égalait en vertus le pape saint Sylvestre.

Virum scientiæ multiplicem, atque adeo cherubinis ipsis persimilem vocat Hincmarus. (D. Marlot, liv. 5, ch. 5, note.)

Le vénérable Bède met saint Remi au nombre des principaux Pères de l'Eglise gallicane. (D. Marlot, ubi supra.)

(1) D. Marlot, *Hist, Rem. Eccl.* (P, J. Dorigny, liv. 1).

(2) Nous donnons la traduction de M. Guizot. Ce portrait, quelque long qu'il soit, nous a paru frappé de main de maître, et tellement beau, que nous n'avons pas cru devoir l'abréger.

l'autre, on le vit pendant toute sa vie dédaigner le repos, fuir les douceurs, chercher le travail, souffrir les humiliations, s'éloigner des hommes ; pauvre de richesses, et riche de bonnes œuvres, humble et modeste devant la vertu, sévère et intraitable contre le vice ; en sorte que, comme le dit Hincmar, il réunit en lui toutes les vertus chrétiennes et les pratiqua toutes à la fois, avec une perfection que bien peu pourraient porter dans l'exercice d'une seule. — Toujours occupé de bonnes œuvres, toujours plein de componction et de zèle, il n'avait autre chose à cœur que de s'entretenir de Dieu par la lecture ou le sermon, ou avec Dieu par la prière ; et sans cesse atténuant et affaiblissant son corps par le jeûne, il s'efforçait de vaincre le démon particulier par un martyre continuel. Cependant notre saint prélat s'efforçait avant tout de fuir l'ostentation des vertus ; mais une grâce si éclatante et si haute ne pouvait rester secrète. Il attira les regards et l'admiration de tous, comme la cité bâtie sur la montagne ; et le Seigneur ne voulait pas laisser sous le boisseau la lumière qu'il avait placée sur le chandelicr, et à laquelle il avait donné de brûler du feu de la charité divine et d'éclairer son Eglise du brillant flambeau des vertus chrétiennes. »

La conduite de Remi dans l'épiscopat justifia bientôt le choix qu'on avait fait de lui. On le vit pratiquer dans un sublime degré toutes les vertus évangéliques. Il avait fait de l'humilité sa compagne fidèle. « Je suis, disait-il souvent, un pécheur dont Dieu se sert pour faire éclater davantage sa puissance par la faiblesse de l'instrument. » « Mais comme les rayons du soleil ne peuvent estre longuement cachés sous la nue qu'ils ne viennent à la percer et paroissent aux yeux du monde, aussi l'innocence de sa vie commença à briller par une infinité de miracles, et Dieu qui se plaît d'honorer ceux qui le craignent, voulut que toutes les créatures lui fissent hommage, et obéissent à sa voix, comme elles firent autrefois à. Moïse, ainsi que Philon, juif, escrit en la vie de ce grand législateur. (D. Marlot, liv. v^e, chap. 4e.)

Sa mortification était grande, sa vie austère, sans être chagrine. Loin de là, son affabilité charmait tous ceux qui l'approchaient ; quelquefois même par condescendance, il se prêtait a d'innocentes récréations. Cette douceur avait, ce semble, en lui, quelque chose de surnaturel. Plusieurs fois on vit venir les petits oiseaux se reposer sur ses mains et ramasser avec une sécurité merveilleuse les graines qu'il leur avait préparées (1). Ainsi plus tard, il en arriva à sainte Radegonde, épouse de de Clotaire, fils de Clovis. Lorsqu'elle traversait le

---

(1) Cette scène est ainsi racontée dans le quatrain suivant, tiré de l'une des tapisseries qui représentent la vie et les miracles de saint Remi. Elles furent données, en 1531, à l'église de Saint-Remi, par Robert de Lenoncourt, archevêque de Reims. Ces tapisseries, au nombre de douze, existent encore, et grâce au zèle de M. Aubert, curé de Saint-Remi, on les voit appendues aux murs de la nouvelle sacristie. Elles ont été gravées en 1838, sur les dessins de Victor Sansonetti. (Les édit. de D. Marlot.)

> Sans crainte les oiseaux des champs
> Venoient manger dessus sa table,
> Et dilectoient par de doux chants
> Le Sainct piteux et charitable.

Nous donnerons, quand l'occasion s'en présentera, quelques-uns de ces quatrains, dans lesquels on trouve alliée à une simplicité touchante l'originalité naïve de l'expression.

jardin du monastère, les oiseaux gazouillaient sur son passage, venaient se poser sur ses mains et ses épaules et la becqueter familièrement (M. le Baron Th. de Bussières, dans son histoire de la sainte, page 119).

Cette douceur, il la portait surtout dans ses rapports avec ses diocésains; ferme et inflexible lorsqu'il s'agissait de la discipline, il tempérait admirablement cette fermeté et ce que le commandement peut avoir de dur, par les précautions touchantes de sa charité. Il fallait le voir employant toutes les ressources de son zèle pour attirer et ramener les pécheurs!

Un jour qu'il parlait à son peuple, avec cette foi vive, cette onction pénétrante à laquelle rien ne résistait, le seigneur de Rethel, allié de Clovis, et son épouse, présents dans l'auditoire, se sentirent tout-à-coup intérieurement changés. Sa parole disposant merveilleusement leurs cœurs, ils comprirent la vérité, et formèrent le généreux dessein de l'embrasser. Ils viennent donc trouver Remi et lui demandent le baptême. Le saint évêque, que dévorait le zèle du salut des âmes, s'empressa de les instruire et leur conféra le sacrement de la régénération. Ce n'était pas la seule grâce qu'il dût leur obtenir. Rogatien et Quintienne n'avaient pas d'enfants et ils en désiraient ardemment. Remi, sensible à leur peine, offrit pour eux ses vœux au Ciel; ils furent exaucés. Rogatien devint père d'un enfant; il lui donna le nom d'Arnoul au baptême, qu'il reçut des mains du saint. Rogatien, en reconnaissance de cette faveur, donna à l'église de Reims tous les biens qu'il possédait à Rethel. Plus tard, saint Remi fit entendre la parole évangélique dans

2

ces contrées ; il y construisit à Rethel une église sous l'invocation de *Notre-Dame et sainte Croix*. Quant à Arnoul, cette chaste étoile détachée du firmament pour dissiper les ténèbres de l'ignorance, il fut déposé par ses parents dans les bras du vénérable apôtre. Ses progrès dans la vertu furent rapides. Remi lut sur son front une vocation toute divine, et dès que l'âge le permit, il lui conféra les ordres. Arnoul devint évêque de Tours (1).

(1) Arnoul avait épousé une des nièces de Clovis, nommée Scarigère ; mais il engagea son épouse à garder la virginité. Après avoir distribué ses biens aux pauvres, il entreprit les pélerinages de Rome et de Jérusalem. De retour à Reims, saint Remi lui conféra l'ordre d'exorciste. Puis il alla à Tours, dont il fut élu évêque ; de là en Espagne, où ses prédications eurent de grands succès. Il revint à Reims lorsqu'il fut imformé de la mort de saint Remi. Un jour, au moment où il sortait de faire une prière au tombeau du saint évêque, il fut assommé dans la rue Barbâtre par les domestiques de sa femme. Ils lui attribuaient la perte de leur fortune, parce qu'il avait persuadé à son épouse d'entrer dans un monastère. Il fut enterré dans la forêt d'Yveline. (D. Nicolas Le Long, *Hist. du diocèse de Laon*, etc., liv. 1.)

B. *Arnulfus vocatur archiepiscopus et martyr in epistola Simonis Crespiensis ad Hugonem cluniacensem anno* 1077. (D. Marlot, liv. 5, chap. 20.)

Decimo quinto Calendas Augusti, in silva quæ dicitur Aquilina, festivitas beati Arnulfi, pontificis Turonensis et martyris qui fuit discipulus sancti Remigii (*Martyrol. remense*).

CHAPITRE III

———

Remi visite son diocèse. — Miracles éclatants qui le suivent sur son passage : il rend la vue à un aveugle, — multiplie le vin, — éteint un violent incendie. — L'énergumène de Toulouse. — Estime que font de lui Sidoine-Apollinaire; Alaric, roi des Visigoths ; Clovis, roi des Francs. — Sévérité que ce dernier exerce contre un de ses soldats ; vase de Soissons. — Mariage de Clovis. — Union de prières entre saint Remi, Clotilde et Geneviève, pour la conversion du prince.

Un des plus grands obstacles que rencontra saint Remi pour amener le triomphe de la religion fut, sans contredit, la corruption du siècle. Ni les dignités, ni l'âge, ni la religion n'arrêtaient les fureurs de la débauche. On ne se pouvait arracher aux jeux du cirque et du théâtre. Nous pouvons juger de ce qui se passait dans le diocèse de Reims par les faits qui se sont accomplis dans d'autres villes. Quatre fois Trèves est envahie, et le reste de ses citoyens s'assied, au milieu du sang et des ruines, sur les gradins déserts de son amphithéâtre.

Cologne succombe au moment d'une orgie générale ; les principaux citoyens n'étaient pas en état de sortir de table, lorsque l'ennemi entrait dans la ville.

A Carthage, des hommes erraient dans les rues, couronnés de fleurs.

Voilà le tableau des mœurs du vᵉ siècle. Il y

avait donc une réforme totale à opérer dans cette société, qui cherchait dans l'ivresse du plaisir l'oubli de ses malheurs.

Cette réforme, saint Remi l'entreprit, et la force de ses exemples fit faire des progrès rapides à la cause de Jésus-Christ. Il se multipliait avec ardeur; il s'élançait avec courage à la recherche de la brebis égarée; on le voyait parcourir les campagnes, écoutant les plaintes des malheureux, les consolant, arrêtant les oppresseurs, délivrant les faibles, terminant les querelles, laissant en tout lieu des traces de sa bonté. Deux clercs l'accompagnaient dans ses pieuses excursions. L'un portait une bourse, et l'autre l'Evangile, qu'il expliquait avec sagesse et avec force. Les miracles que Dieu daignait opérer à la prière de son serviteur achevaient de lui gagner les cœurs. Le saint prélat semait alors les miracles autour de lui, et laissait partout des traces de sa sainteté. La foule se pressait sur son passage; il touchait les plaies du pauvre et les plaies se fermaient. L'élu de Dieu avait un pouvoir plus grand que n'en ont eu plus tard les élus des hommes. Les rois de France n'ont jamais guéri que es scrofuleux et saint Remi guérissait tous les maux.

Il entrait un jour dans Cormicy. Un mendiant aveugle et possédé du démon, informé de son arrivée, se présente à lui, dans l'espérance d'obtenir de sa charité quelques secours pécuniaires. Aussitôt une tendre compassion s'empare de Remi; il se prosterne, et après quelques moments de prière, fort de l'appui de Dieu, il ordonne à l'esprit infernal de quitter le corps de l'aveugle. Le démon obéit; le pauvre recouvre la vue. Le saint ajoute une gé-

néreuse aumône à ce double bienfait, et renvoie
l'infortuné comblé de joie. *Victu solans egenum*,
munerans visu cœcatum, *restituens libertati cap-*
tivum. (Hincmar, cité par D. Marlot, liv. vᵉ, ch. 4ᵉ.)

Une autre fois, il multiplia le vin qui manquait
dans' la maison d'une noble dame, sa parente,
nommée Celse (1). En reconnaissance de ce miracle,
elle céda à saint Remi la propriété de sa terre.
C'est un village qui porte le nom de Saulx-Saint-
Remi. « Et le vin venant à manquer, la mère de
Jésus lui dit : Ils n'ont plus de vin. » (St Jean, II, 3).

Un jour que le bienheureux était occupé à faire
ses dévotions dans l'église de Saint-Agricole, bâtie
par Jovin (2), et située à un quart d'heure de sa mé-

---

(1) L'auteur de la *Légende dorée* raconte ainsi ce miracle :
« Et une fois qu'il était l'hôte d'une dame, et qu'elle n'avait
presque plus de vin, Remi entra au cellier et il fit le signe de la
croix sur le tonneau, et aussitôt le vin coula en si grande abondance, qu'il se répandait dans tout le cellier. » Ce miracle est ainsi
expliqué dans une tapisserie de l'église saint Remi :

> Un tonneau vide à sa parente
> Il bénit, puis fut plein de vin.
> Par grâce de Dieu apparente
> Faisant maint ouvrage divin.

On lit dans la vie de sainte Radegonde, par M. le baron de
Bussières, un miracle à peu près semblable :

« Après que Radegonde se fut dépouillée de ce qu'elle possédait, Agnèse lui avait fait don d'un tonnelet de vin, afin qu'elle
put en distribuer à volonté aux malades et aux nécessiteux. —
Or, notre sainte avait beau y recourir, la merveilleuse liqueur
emplissait toujours le tonnelet (Apud Bolland. ch. 3.

(2) Jovin était rhémois; de simple capitaine, il devint colonel
de la cavalerie romaine dans l'Illyrie, intendant des armées dans
les Gaules, et adjoint du préfet du prétoire. Il mourut en 366
ou 370, et fut inhumé dans un tombeau de marbre qu'il avait
fait venir exprès de Rome avant sa mort, et qui fut placé dans

tropole, le démon, jaloux des prospérités que les
prières du prélat attiraient sur ses ouailles, excita
un grand embrasement dans la ville. En peu d'ins-
le danger fut imminent. Remi était la ressource
ordinaire de son peuple. Son absence augmenta la
consternation. On le cherche avec empressement
de tous côtés ; enfin il reparaît. En apprenant cette
nouvelle, ce bon père, accablé du malheur de ses
enfants, lève les yeux et les mains au ciel en s'é-
criant : *O Seigneur, secourez-nous !* En même
temps il se lève, se dirige où l'incendie cause le
plus de ravages, et, saisi d'une inspiration subite,
il menace de la main les flammes dévorantes, et
leur commande en maître de se retirer. Aussitôt les
flammes se rassemblent en globe ; il les chasse devant lui et leur ordonne de sortir par une porte
qu'il fit fermer pour toujours (1). « Cette porte fut
fermée pour jamais, après avoir servi de passage
au diable renfermé dans ce funeste globe (de feu)

l'église de Saint-Agricole, martyr de Bologne, son proche parent.
    Ce tombeau existe encore dans la métropole de Reims. C'est
sous le rapport des arts et de l'antiquité le monument le plus précieux que possède cette ville.

    (1) Flodoard rapporte ainsi ce miracle: « Le diable, dit-il,
avait, en 488, mis le feu à la ville de Reims. Saint Remi en fut
averti au moment où il faisait sa prière dans l'église de Saint-
Agricole (plus tard Saint-Nicaise). Il quitte aussitôt cette église,
marche droit au lieu de l'incendie, en chasse le feu par la porte
ouverte, qui était située entre la porte de Mars et celle de Cérès,
la fait murer de suite, et laisse la marque de ses pieds imprimée
sur la pierre, qui, au moment du prodige, s'amollit sous ses pas. »
    La troisième tapisserie de Saint-Remi retrace sur un de ses
compartiments ce miracle inouï. On voit la ville de Reims en
proie aux flammes ; des habitants portant des seaux montent aux
échelles. Saint Remi est au premier plan ; il tient d'une main la

qui s'évanouit en un moment de la vue des hommes, pour retourner dans les cachots ensouffrés. » (D. Marlot, ch. VI.)

Pour témoigner à Dieu sa profonde gratitude, Remi fit bâtir une église à l'endroit même où son bras miséricordieux était venu au secours de son peuple affligé. Et pour mesmoire perpétuelle d'un si grand miracle, saint Remi fit bastir au mesme lieu une église en l'honneur des saints martyrs. On voyait encore au temps où écrivait le célèbre Marlot, aux deux côtés de l'autel de cette église dans la muraille, deux figures de serpents qui semblent vouloir retourner, s'ils n'en estaient empeschés ; et au dessous du grand portail, était enchâssée une pierre carrée où étaient gravés les vers suivants qui parlent de ce miracle et du rétablissement de l'église par le doyen Constantius :

> Remigii meritum sic cœpit condere templum,
> Porta patens certis erat appellata figuris :
> Hic pandens aditum, reliquis per bella negatum,
> Forte dolis Sathanæ succenditur ignis in urbe :
> At pius antistes, cernens exurgere vires
> Ingemuit ex adito : Deus, et Deus, inquit, adesto !
> Per lapides stratos, descendens indè sacerdos,
> Sicut molle lutum fecit dissolvere saxum ;
> Cùmque cito cursu paulum distaret ab œstu,
> Opposuit sese, cruce Christi tutas ab igne,
> Sic que per hanc portam pepulit cum dœmone flammam.
> Post ubi porta fuit, Constantius œdificavit, etc.
>
> (D. Marlot, ch. VI, Vᵉ liv.)

croix, et de l'autre il chasse deux démons qui se hâtent de prendre la fuite. C'est ce qu'explique le quatrain suivant :

> Diables avaient dedans Reims le feu mis,
> Pour le mettre en adversité ;
> Mais sainct Remy chasse tels ennemis
> Et préserva du feu cette cité.

Cette église réparée par le doyen Constantius, fut depuis la chapelle des chevaliers de saint Jean de Jérusalem. Note des éditeurs de l'*Histoire de la ville, cité et université de Reims, métropolitaine de la Gaule Belgique, par Dom. Guillaume Marlot.* — (Manuscrit inédit.)

Plus tard, lorsque Léon IX fit la dédicace d'un temple en l'honneur du saint et la translation de ses reliques, la châsse qui les contenait fut portée autour de la ville, et s'arrêta à l'endroit où s'était opéré le prodige.

La réputation de Remi s'étendait partout ; chacun le consultait, et sollicitait son intercession puissante auprès de Dieu.

Une jeune fille de Toulouse était possédée du démon. Son origine était illustre. Benoît, son père, l'avait conduite au tombeau de saint Pierre et saint Paul, à Rome ; mais le démon avoua qu'à Remi seul appartenait le pouvoir de le chasser. Le père accourt à Reims, muni d'une lettre de recommandation d'Alaric, son parent. Il présente sa fille au saint ; Remi est touché de compassion à la vue de son état, et bientôt, fort de la vertu de Dieu : « Au « nom de Jésus-Christ, dit-il au démon, je t'or- « donne de laisser en paix cette infortunée (1). »

Le démon était sorti ; mais la jeune fille était morte. Remi, à cette vue, se prosterne à terre, im-

(1) Fortunat, Hincmar, Flodoard, Grég. de Tours.

Une pucelle avait le diable au corps
Qui au sortir à dure mort la livre ;
Sainct Remy fait que par de divins accords
La ressuscite et du mal la délivre.

(*Tapiss. de Saint-Remi.*)

plore le secours de Dieu ; il s'approche ensuite du cadavre et lui ordonne de se lever au nom de Jésus-Christ.

La jeune fille se leva et fut rendue à l'amour de son père. *Et oratione sua defunctæ cadaver puellæ obtinuit suscitari....* (G. de Tours, de Gl. confess. cap. LXXIX.)

L'éclat des miracles, qui frappe les yeux du peuple, ne fait pas toujours la même impression sur l'esprit des savants. Mais lorsqu'à ces hautes vertus s'unit un profond savoir et une éloquence rare, il n'est point de cœur qui puisse lui refuser son amour et sa vénération.

L'hommage que saint Sidoine-Apollinaire (1) a rendu à saint Remi est un témoignage qui parle bien haut en sa faveur. Ce grand évèque, dans une lettre que nous avons de lui, ne tarit pas en louanges sur le saint ; il loue sa sainteté, la justesse de son discours, la noblesse de ses sentiments, la force de ses expressions ; il compare la délicatesse et la

---

(1) Sidonius Apollinaris, — évèque de Clermont en Auvergne, et l'un des plus grands évèques et des plus célèbres écrivains du vᵉ siècle, naquit à Lyon, vers l'an 430, d'un père qui était préfet du Prétoire dans les Gaules sous l'empereur Honorius. Il fut élevé avec soin dans les belles-lettres et dans les sciences et devint préfet de la ville de Rome. Il fut ensuite créé patrice et envoyé en plusieurs ambassades importantes dans lesquelles il fit paraître beaucoup de prudence et de capacité. Il succéda à Eparchius, évèque de Clermont, en 472, renonça à toutes les dignités séculières qu'il laissa à son fils Apollinaire, et s'appliqua avec ardeur et avec zèle à l'étude de l'Ecriture-Sainte et à la conduite de son diocèse. Il s'acquit une grande réputation par sa vertu et par son érudition, et mourut le 23 août 480, à cinquante-deux ans. Il nous reste de lui sept livres d'épitres et vingt-quatre pièces de poésie.

beauté de son style à une glace de cristal bien
polie, sur laquelle le doigt coule sans sentir la plus
légère inégalité; sa doctrine, aux eaux d'un grand
fleuve qui roule avec majesté dans les campagnes,
qu'il arrose et qu'il enrichit; son éloquence, à la
force de la foudre, à laquelle rien ne résiste, et qui
renverse tout sur son passage.

Ce brillant éloge, Apollinaire ne l'avait tracé
qu'après avoir lu tous les ouvrages de saint Remi,
qui malheureusement ne sont pas venus jusqu'à
nous. C'étaient de savants et de nombreux com-
mentaires sur l'Ecriture sainte (1).

Les rois eux-mêmes étaient remplis de la plus
profonde vénération pour Remi. Alaric, roi des
Visigoths, lui en donna plus d'une fois des marques précieuses. Clovis, quoique païen, ne le cé-
dait pas à Alaric, son ennemi, en déférence et en
respect pour le saint archevêque; en voici un
exemple frappant :

Après de nombreuses victoires, Clovis était
entré, à la tête d'une formidable armée, dans l'intérieur des Gaules. Clovis était fils de Chilpéric et
de Bazine, épouse du roi des Thuringiens. Déjà il
s'était emparé de Reims et de Soissons (486). Jaloux, toutefois, de se concilier le clergé, il avait
voulu qu'on épargnât la ville de Reims. Malgré sa
défense, on pilla une église, et un vase précieux y
fut enlevé. Remi en sollicita la restitution; Clovis
la promit.

C'était à Soissons que devaient être partagées les
dépouilles. Le jour venu, Clovis demande le vase,

(1) Multos intepretatus est divinæ Scripturæ libros. (*Officium
S. Remigii, ex Brev. Romano*, 1ᵉʳ octobre.)

et requiert qu'il soit mis à part. Aucun ne résistait ; mais un soldat, frappant rudement le vase d'un coup de francisque :

« Rien que ta part, » dit-il rudement au prince.»

Le jeune roi contint sa colère.

Un an après, Clovis faisait le dénombrement de son armée. Il vint au soldat, et trouvant à reprendre au mauvais état de ses armes, il lui arrache vivement sa francisque et la jette à terre. Le soldat se courbe pour la ressaisir ; Clovis brandit la sienne et lui fend le crâne en s'écriant : « Souviens-toi du vase de Soissons (1). »

Cette sanglante exécution, dit le P. Loriquet, faite de la main d'un roi, nous semble dure ; elle ne parut alors que sévère. Le christianisme n'avait pas encore adouci les mœurs sauvages de ces peuples du nord. Aussi les catholiques soumis aux armes de Clovis désiraient-ils vivement que la foi vînt modérer et régler les passions fougueuses de ce jeune vainqueur, doué d'ailleurs de qualités brillantes. Quelle heureuse influence sa conversion ne devait-elle pas exercer sur toute la nation franque !

C'étaient là les vœux les plus ardents de saint Remi ; sans cesse il demandait à Dieu cette conver-

---

(1) L'année suivante, le roy fit la reveue de sa gendarmerie. En allant par les quartiers, il vint à celui qui l'avait offensé en l'action que j'ai représentée :

« Est-ce là, dit-il, l'équipage d'un gendarme ? il n'y en a point en toute l'armée si malpropre ; quelle hache est-ceci ? — En disant cela, il la prend, et la décharge si rudement sur sa teste qu'il la mest en pièces : Ainsi fis-tu l'autre année à Soissons sur le vase que ta compagnie m'avait accordé. » (D. Marlot, liv. Vᵉ ch. VIIᵉ.)

sion. Un heureux incident augmenta les espérances
qu'il avait conçues. Ce fut l'alliance de ce prince
avec Clotilde, nièce de Gondebaud, roi des Bour-
guignons.

Clotilde, élevée dans une cour arienne, était catholique, et la sainteté de sa vie répondait a la pureté de sa foi. Saint Remi la connaissait et soute-
nait sa constance par de pieux conseils.

« Le Gaulois Aurélien, dit la chronique, déguisé
en mendiant, portant sur son dos une besace au
bout d'un bâton, est chargé du message. Il devait
remettre à Clotilde un anneau que lui envoyait
Clovis, le roi des Francs, afin qu'elle eût foi dans
les paroles du messager. Aurélien, arrivé à la porte
de la ville de Genève, y trouva Clotilde assise avec
sa sœur Sedleuba. Les deux sœurs exerçaient l'hos-
pitalité envers les voyageurs ; car elles étaient
chrétiennes. Clotilde s'empresse de laver les pieds
d'Aurélien ; celui-ci se penche vers elle et lui dit
tout bas : — « Maîtresse, j'ai une grande nouvelle à
t'annoncer, si tu me veux conduire dans un lieu
où je te puisse parler en secret. — Parle, lui répond Clotilde.

« Aurélien dit : — Clovis, roi des Francs, m'envoie vers toi. Si c'est la volonté de Dieu, il désire
t'épouser, et, pour que tu me croies, voici son anneau.

« Clotilde l'accepte, et une grande joie reluit sur
son visage. A son tour elle remet au messager son
anneau pour Clovis, et lui dit : — Prends ces cent
sous d'or pour récompense de ta peine. Retourne
vers ton maître ; dis-lui que s'il veut m'épouser, il
envoie promptement des ambassadeurs à mon

oncle Gondebaud. — C'est une scène de l'Odyssée.

« Aurélien part ; il s'endort en route. Un mendiant lui vole sa besace, dans laquelle était l'anneau de Clotilde ; mais ce mendiant est pris et l'anneau retrouvé.

« Clovis expédie des ambassadeurs à Gondebaud qui n'ose refuser sa nièce au roi des Francs. Les ambassadeurs présentent un sou et un denier, selon l'usage, et emmènent Clotilde dans une basterne. Clotilde trouve qu'elle ne va pas assez vite ; elle craint d'être poursuivie par Aridius, son ennemi, qui peut faire changer Gondebaud de résolution. Elle saute sur un cheval, et la troupe franchit les collines et les vallées.

« Aridius, sur ces entrefaites, étant revenu de Marseille à Genève, remontre à Gondebaud qu'il a égorgé son frère Chilpéric, père de Clotilde ; qu'il a fait attacher une pierre au cou de la mère de sa nièce et l'a précipitée dans un puits ; qu'il a fait jeter dans le même puits les têtes des deux frères de Clotilde, que Clotilde ne manquera pas d'accourir se venger, secondée de toute la puissance des Francs. Gondebaud, effrayé, envoie à la poursuite de Clotilde. Mais celle-ci, prévoyant ce qui devait arriver, avait ordonné d'incendier douze lieues de pays derrière elle (1). »

Clovis épousa solennellement la princesse à Soissons, alors sa principale résidence. Le mariage fut célébré, en 493, aux acclamations des Gaulois et des Francs. Les Gaulois surtout se réjouissaient de voir une princesse chrétienne devenir l'épouse de leur jeune vainqueur. Les Francs, d'ailleurs,

(1) M. de Chateaubriand.

établis depuis longtemps sur les bords du Rhin, avaient reçu des germes de christianisme qui ne demandaient qu'à éclore. Les évêques ne regrettaient pas les Romains, impuissants désormais à les protéger, ni les Grecs, chez qui l'hérésie d'Eutychès prévalait ; mais ils invoquaient un bras fort pour les défendre des autres barbares de l'arianisme. Le Ciel leur donnait Clovis. Clotilde n'eut d'autre soin que de travailler avec zèle à sa conversion ; elle s'unit de prières à cet effet avec Remi et Geneviève.

Le succès ne répondit d'abord qu'imparfaitement à leurs espérances. Clovis flottait indécis entre sa conversion, encore incomplète, et la crainte d'offenser les vieilles idolâtries des Francs. Les vérités du christianisme se manifestaient à lui confusément et avec lenteur. Déjà incrédule aux idoles, il tardait à devenir croyant au vrai Dieu. La politique lui persuadait à la fois le christianisme et l'en détournait. Pendant qu'il doutait et délibérait, Clotilde lui donnait un fils. La pieuse reine exigea qu'il fût fait chrétien. Clovis consentit. L'enfant après son baptême vint à mourir, et le roi troublé regretta ses faux dieux. Clotilde eut un second fils ; elle insista encore pour qu'il reçût le baptême. Mais voilà que l'enfant est tout-à-coup saisi du même mal que son frère. Clovis éclate en reproches, s'imaginant que la colère de ses dieux le poursuit. Clotilde, deux fois malheureuse, est consternée et désespérée ; mère, elle pleure ; chrétienne, elle prie ; saint Remi joint ses prières aux siennes ; enfin la mort est fléchie et l'enfant guéri. (V. Grégoire de Tours, *Hist. francorum* lib. 2, n° 29). Clovis encouragé commence à croire au Dieu de

Clotilde. Mais il fallait que sa conversion, comme celle de Constantin, fût accompagnée de circonstances propres à convaincre les peuples que c'était un coup du Ciel et l'ouvrage du Très-Haut.

CHAPITRE IV

496

Les Allemands étaient alors resserrés entre le Mein, le Rhin et le Danube. Jaloux de l'établissement que les Francs venaient de faire dans les Gaules, ils entreprirent de leur enlever et d'échanger à leur tour les bois et les marais de la Germanie contre un climat plus doux et plus fertile. Une armée nombreuse de ce peuple guerrier menaçait de tout envahir. Plus actif que n'avait été autrefois Syagrius, général des armées romaines, Clovis réunit ses troupes, vole au devant de l'ennemi et les joint dans les plaines de Tolbiac (1). « Seigneur, lui avait dit son épouse en le voyant partir, vous allez à la guerre ; mais si vous voulez remporter la victoire, invoquez le Dieu des chrétiens ; il est le seul maître de l'univers, et il s'appelle le Dieu des armées. Si vous vous adressez à lui avec confiance, rien ne pourra vous résister ; vous triompherez de vos ennemis, fussent-ils cent contre un. »

---

(1) Appelé aujourd'hui Zulpich, entre la Meuse et le Rhin.

Le choc fut terrible entre deux nations également braves, également jalouses de leur gloire et de leur liberté ; mais ce furent les Francs qui, après une longue résistance, se lassèrent les premiers. A cette vue, les Allemands redoublent d'ardeur et d'acharnement. Clovis, pressé et environné, se voit dans un extrême péril ; il se souvient alors des avis de sa vertueuse épouse ; il lève les yeux au ciel et s'écrie : « O Christ, que Clotilde invoque comme le fils du Dieu vivant ! j'implore votre secours. Je me suis inutilement adressé à mes dieux : j'ai éprouvé qu'ils n'ont aucun pouvoir. Je vous invoque donc, je crois en vous, délivrez-moi de mes ennemis, et je me ferai baptiser en votre nom (1). » Et, disant ainsi, il s'élance ; le courage revient aux siens, et l'on ne fuit plus. L'ennemi s'étonne, il poursuivait des troupes rompues, c'est lui maintenant que l'on va rompre et poursuivre ; il était vainqueur, le voilà vaincu. Le carnage fut grand ; le roi des Allemands fut tué : la nation passa sous le joug et paya tribut. Le catholicisme avait gagné la bataille de Tolbiac, de même que plus tard, sous Charles Martel, l'épée

(1) Quod ille videns, elevatis ad cœlum oculis, compunctus corde, commotus in lacrymis ait : Jesu Christe quem Chrotechildis prœdicat esse filium Dei vivi, qui dare auxilium laborantibus, victoriamque in te sperantibus tribuere diceris, tuæ opis gloriam devotus efflagito : ut si mihi victoriam super hos hostes indulseris, et expertus fuero illam virtutem quam de te populus tuo nomini dicatus probasse se prœdicat, credam tibi et in nomine tuo baptizer. Invocavi enim deos meos, sed ut experior, elongati sunt ab auxilio meo ; undè credo eos nullius esse potestatis prœditos qui sibi obedientibus non occurrunt. Te nunc invoco, et tibi credere desidero ; tantum, ut eruar ab adversariis meis. (Greg. Tur. *Histor. franco.* lib. 2, n. 30.)

catholique triomphait à Poitiers du Cimeterre de Mahomet.

Au retour, Clovis passa par Toul, et désirant se faire instruire sur-le-champ des principes de la religion chrétienne, il se fit accompagner du saint prêtre, nommé Vaast. Dieu, pour donner plus de poids aux discours de son pieux ministre, accorda à ses prières la guérison d'un aveugle, auprès du village de Rilly-sur-Aisne (1).

Clotilde s'était rendue de Soissons à Reims pour y recevoir le roi. Ce fut alors qu'il déclara à saint Remi le vœu qu'il avait fait d'embrasser la religion chrétienne et de recevoir le baptême. Craignant toutefois de soulever des sujets accoutumés au culte des idoles, il voulut sonder leurs dispositions, et les assembla à cet effet. Mais à peine eut-il pro-

---

(1) Nous ne pouvons résister au plaisir de citer ici la légende de saint Vaast par Jacques de Voragine.

« Vaast fut ordonné par saint Remi évêque d'Arras; quand il vint à la porte de la ville; il trouva deux pauvres qui demandaient l'aumône, l'un boiteux, l'autre aveugle, il leur dit : Je n'ai ni or ni argent, mais je vous donne ce que j'ai. Il fit son oraison et les guérit.

« Comme un loup habitait une église délaissée et couverte de ronces, il lui commanda de s'en éloigner et de ne plus revenir : le loup obéit :

« Quand il eut converti beaucoup de gens par ses paroles et par ses œuvres, la quarantième année de son évêché, il vit une colonne de feu qui descendait du ciel jusqu'à sa maison, et il pensa que c'était l'annonce de sa fin; en effet, peu après il reposa en Notre-Seigneur, l'an 600.

« Lorsque son corps fut porté en terre, un aveugle nommé Audemer était fort affligé de ce qu'il ne lui était pas donné de voir le corps du saint. On dit qu'il recouvra aussitôt la lumière, mais qu'il retomba dans les ténèbres après qu'il eut vu ce qu'il demandait à Dieu de contempler. »

noncé les premiers mots de sa harangue, que tous les Saliens présents se prononcèrent spontanément en s'écriant : « Et nous aussi, pieux roi, nous renonçons de bon cœur aux dieux mortels, nous croyons Remi, et n'obéirons qu'au Dieu immortel qu'il nous prêche. » (Grég. de Tours, lib. 2, n° 31.) *Mortales Deos abjicimus, pie rex, et Deum quem Remigius prædicat immortalem sequi parati sumus.*

Le roi, satisfait, témoigna en peu de mots la joie qu'il ressentait de voir sa nation entrer avec lui, d'un commun accord, dans un dessein si pieux et si juste. Il ne pensa plus qu'à achever de s'instruire dans les entretiens du saint archevêque, qu'il ne pouvait se lasser d'entendre, tant la parole de Remi était onctueuse et convaincante. Quoiqu'il ne fût que catéchumène, il se portait avec ardeur à la pratique de toutes les vertus chrétiennes et à l'amour de Jésus-Christ.

Un jour, attendri de ce que le saint lui disait des tourments que le Sauveur avait soufferts dans sa passion, il entra dans une sainte colère contre les Juifs ingrats qui avaient mis si cruellement à mort l'auteur de la vie : « Ha ! s'écria-t-il, en portant la main à sa framée, que n'étais-je là avec mes Francs ! »

Le jour de Noël fut choisi pour la cérémonie du baptême. La veille, Remi, Clovis et Clotilde restèrent en prières jusque bien avant dans la nuit, et furent inondés des consolations que donne l'Esprit-Saint.

L'église de Notre-Dame de Reims était le lieu choisi pour la cérémonie. Elle était parée avec une

grande magnificence : de riches tentures, de précieux vases, des cierges sans nombre, les plus
suaves parfums, toutes les pompes et toute la majesté du culte chrétien.

Le prince fut frappé de tout cet appareil ; il demanda au saint évêque : « Est-ce là, mon père, ce
« paradis que vous m'avez fait espérer ? — Non,
« seigneur, lui répondit le prélat, ce n'est que
« l'entrée du chemin qui y conduit. »

Déjà Clovis s'était avancé vers les fonts baptismaux, où Remi l'attendait, assisté des évêques qui
s'étaient rendus à Reims pour la cérémonie, et l'on
attendait le diacre qui portait le saint chrême.
Mais il ne pouvait passer à travers la foule pressée.
Remi étonné priait. Alors on vit descendre sur lui
une colombe d'une éclatante blancheur, portant
dans son bec une petite fiole de cristal pleine d'un
chrême odorant, pur et d'essence inconnue. C'est
cette fiole révérée qu'on appelle la sainte Ampoule (1). C'est la traduction du récit d'Hincmar.
En voici le texte : Cum vero pervenissent ad bap-

(1) La sainte Ampoule fut depuis religieusement conservée à
Reims. Voici la description que donne de cette relique M. Prior
Armand, dans son *Histoire de saint Remi*, au chapitre 5 :

« C'était une petite fiole de cristal antique, haute d'un pouce et
et demi, remplie aux deux tiers d'un baume brun foncé, peu
liquide et sans transparence. Son col, bouché avec un morceau
de taffetas cramoisi, avait sept lignes de circonférence ; la base
en avait treize. Elle était portée par une colombe d'or, qui avait
été suspendue, mais qui depuis était fixée à un vase en vermeil
enrichi de pierreries. Le tout était recouvert d'une lame de cristal
qui permettait de voir la relique. A côté était attachée une ai-
guille d'or avec laquelle on prenait le saint chrême. La colombe
avait trois pouces deux lignes de longueur. Le reliquaire, artiste-
ment travaillé, avait six pouces de large sur sept de long. Une

tisterium, clericus qui chrisma ferebat, a populo
est interceptus, ut ad fontem venire nequiret.
Sanctificato autem fonte, nutu divino, chrisma de-
fuit; et quia propter populi pressuram ulli non
patebat egressus ecclesiæ vel ingressus, sanctus
pontifex, oculis ac manibus protensis in cœlum,
cœpit tacitè orare, cum lacrymis. Et ecce subito
columba, nive candidior attulit in rostro ampullulam chrismate sancto repletam, cujus odore miri-
fico super omnes odores quos ante in baptisterio
senserant, omnes qui aderant inœstimabili suavi-
tate repleti sunt. Accipiente autem sancto pon-
tifice ipsam ampullulam, species columbæ dispa-
ruit : de quo chrismate fudit venerandus episcopus
in fontem sacratum, etc. (Hincmar, *Vita s. Remigii*,
nᵒ 62, cité par D. Marlot, *Histoire*, etc., liv. v,
ch. 10).

L'assemblée émue reconnut là un miracle du
ciel. Remi prit un peu du baume enfermé dans
l'ampoule, en répandit quelques gouttes dans le
baptistère, qui était un bassin de marbre, et au
moment où le roi s'inclinait pour recevoir le bain
sacré du baptême, l'archevêque lui dit : « Courbez

___

chaîne d'argent y était fixée, elle servait à le suspendre au cou
du prieur de Saint-Remi pour la cérémonie du sacre.

« Après avoir été durant 1400 ans l'objet de la vénération publique, cette auguste relique fut brisée le 27 octobre 1793, sur la
place Royale de Reims, par le conventionnel Ruhl, alors en mission
dans le département de la Marne. Les débris furent envoyés à la
Convention. Mais l'abbé Seraine, curé de Saint-Remi, de concert
avec M. Hurelle, conseiller municipal, avait détaché une partie du
baume ; il la conserva soigneusement jusqu'au 11 juin 1819. Ces
parcelles, dont la qualité fut reconnue et l'authenticité constatée,
furent alors mises dans un nouveau reliquaire que l'on plaça dans
le tombeau de saint Remi. »

la tête, doux sicambre, adorez ce que vous avez brûlé, brûlez ce que vous avez adoré (1). « Voulant dire que ç'estoit avec un esprit de douceur et d'humilité qu'il falloit entrer dans la participation de nos mystères ; que les divinités qu'il avoit reconnues jusques-là n'estoient que mensonges, qu'il luy falloit ruiner par le fer et le feu, et qu'à Dieu eul estoit deus l'hommage et le souverain cultes d'adoration. » (D. Marlot, livr. v^e, chap. 8e.)

Puis, après que le roi eut confessé le dogme de la sainte Trinité, saint Remi lui administra le baptême au nom du Père, du Fils et du Saint-Esprit, et ensuite la confirmation. Une autre cérémonie suivit encore : Clovis reçut l'onction des rois, qui fut faite avec l'huile de la sainte Ampoule (2).

« Certaines grâces accordées spécialement aux rois de France, dit l'ange de l'école, ne leur sont

(1) *Mitis, depone colla, sicamber : adora quod incendisti, incende quod adorasti.* (Grég. de Tours, liv. 2, ch. 31.) C'est une erreur du dernier siècle de faire dire à saint Remi : Baisse la tête, *fier sicambre :* parole peu chrétienne et peu politique. Le saint évêque ne l'a point prononcée. *Fier sicambre* est d'ailleurs un pléonasme si fort, qu'il aurait dû sauter aux yeux. *Sicambre* veut dire *fier :* pourquoi alors répéter deux fois le même mot ? *mitis sicamber* est la parole prononcée par saint Remi. Elle présente admirablement le contraste entre Clovis païen et Clovis devenu chrétien.

(2) Ce fait de l'onction des rois ne saurait être révoqué en doute. Dans le Testament de saint Remi, on lit ces mots décisifs : *Quem* (Clovis) *baptizavi, de fonte sacro suscepi, donoque septiformis Spiritus consignavi, et per ejusdem sancti Spiritus sacri chrismatis unctionem ordinavi in regem.* (Flodoard, *Hist. eccles., Rem, lib.* 1, *cap.* 18.) Les éditeurs de D. Marlot prétendent néanmoins qu'il n'est ici question que de la *confirmation* et non du *sacre.*

conférées qu'en vertu de cette onction céleste qu'ils reçoivent le jour de leur sacre, onction que Clovis, le premier des rois très-chrétiens, reçut le jour de son baptême (1).

La famille de Clovis fut baptisée le même jour que lui, et avec eux plus de trois mille des principaux officiers et soldats de son armée, selon Grégoire de Tours. Selon Frédegaire, son abréviateur, il y en eut six mille. Le reste de la nation devait

---

(1) *Ex delatione olei desuper per columbam, quo rex præfatus fuit inunctus, et posteri inunguntur, portentis, signis, ac variis curis apparentibus in eis ex inunctione prædicta.* (Lib. 2 de Regim. princip., cap. 16.)

Au témoignage de saint Thomas, nous en ajouterons d'autres non moins formels, qui ne pourront manquer de faire impression sur l'esprit de ceux qui seraient portés à ne pas reconnaître la vérité du prodige de la sainte Ampoule.

Au temps du célèbre Hincmar, la tradition s'en était tellement conservée, que lorsqu'il en transmit le récit dans son histoire de saint Remi, il ne s'éleva contre sa véracité aucune réclamation. On mentionna au sacre de Charles le Chauve, qui eut lieu à Metz, le saint chrême envoyé du ciel : *Cœlitus sumpto chrismate, unde adhuc habemus*; on ne voit pas dans l'histoire que le roi, les courtisans et les évêques, aient paru étonnés de ce fait.

Après Hincmar, viennent Flodoard (*Hist. Rem. Eccl.*, lib. 1); Aimoin (lib. 1, cap. 16.: Guillaume-le-Breton (*Hist. ang.*); Paul-Emile (*de Gestis Franc. in Clodov,* lib. 1); saint Antonin, arch. de Florence; le chancelier Gerson; Dom Marlot (*Hist. Eccl. Rem.*); du Saussay (*Gloria sancti Remigii*); Aubert, (*Hist. des Gestes, mœurs, etc., des rois de France*); et une foule d'autres écrivains qui parlent tous du fait de la sainte Ampoule comme d'un fait avéré et incontestable.

La sainte Ampoule, confiée à la garde de l'abbé ou du prieur de Saint-Remi, était conservée dans l'église abbatiale auprès de la châsse du saint. Elle ne sortait jamais du monastère qu'à l'occasion du sacre d'un roi : une fois seulement il y eut exception; Ce fut quand Louis XI la demanda à son lit de mort.

De là cette vénération étonnante pour la sainte relique. On

suivre bientôt l'exemple du prince, et se faire gloire
d'adorer le Dieu qui lui avait donné la victoire.

On raconte que ce fut Clovis qui mit sur la couronne royale la fleur de lis, symbole de la pureté
recouvrée au baptême, emblème de la Trinité
qu'attaquaient les Ariens et qu'il confessait (1).

sait en effet que, dans le sacre des rois, elle était portée processionnellement depuis l'église de Saint-Remi jnsqu'à la cathédrale,
escortée par quatre seigneurs accompagnés par des gardes et des
soldats.

De là ces nombreuses prières autorisées par l'Eglise et qui
rappellent distinctement le prodige.

(Voir le chant du *Sacre*, de Lamartine, notes, pages 191 et suivantes, pour la sainte Ampoule.)

L'autorité du vicaire de Jésus-Christ n'a-t-elle pas du reste
revêtu cette tradition d'un caractère de crédibilité qui la doit faire
recevoir avec respect?

Le pape Innocent II, étant venu à Reims pour y célébrer un
concile, fit lui-même la cérémonie du couronnement de Louis VII,
et il eut une joie extraordinaire de sacrer ce jeune prince
avec le baume qui avait été apporté du ciel à saint Remi,
pour sacrer Clovis, roi des Français. (Duchesne).

Combien de papes, en différentes bulles, s'en expliquent comme
d'un fait très-avéré?

Paul II, en 1470; Sixte IV, en 1482; Paul III, en 1547.

Colbert, interrogé s'il croyait à la tradition sur la sainte Ampoule : « Oui, j'y crois, répondit-il, et il n'y a que des ignorants
ou de méchants Français qui puissent en douter. »

J'ai su d'un prêtre distingué de Paris que le cardinal de Latil,
archevêque de Reims, mort à la fin de 1839, et qui a sacré
Charles X en 1825, aimait à rappeler à ceux qui lui parlaient de
la sainte Ampoule, les preuves qui militaient en sa faveur, et que
personnellement il croyait fortement à la vérité de ce prodige.
Serait-il honteux de se tromper avec des guides aussi instruits et
aussi éclairés?....

(1) « Et si porter les armes de trois fleurs de lys, en signe de
la benoiste Trinité, qui de Dieu par son ange furent envoyées au
roi Clovis, premier roi très Chrétien. » (Raoul de Presle, *Pro-*
logue de la traduction de la Cité de Dieu.)

La conversion du roi franc, ranima les espérances du Catholicisme, presque exclu de toute l'Europe, car près de 200 ans après Constantin, il n'y avait pas encore au monde de nation catholique. Clovis devint dès-lors le héros de l'Occident, et les évêques n'usèrent de leur crédit que pour appuyer son autorité.

En même temps qu'il accordait à saint Remi le titre de duc et celui de grand aumônier (1), ainsi que d'immenses libéralités pour son église, un titre plus magnifique lui était décerné à lui-même, celui de *Fils aîné de l'Eglise*. De même que Dieu a dit à son fils de toute éternité : Vous êtes mon premier-né, la papauté a dit à la France : Vous êtes ma fille aînée. Elle a fait plus, s'il est possible, dit un orateur, afin d'exprimer plus énergiquement ce qu'elle pensait de nous, elle a créé un barbarisme sublime, elle a nommé la France le royaume christianissime ; et c'était là le royaume qu'après Dieu, saint Remi venait de fonder.

« Le Saint-Siége, écrivait le pape Anastase à Clovis, ne peut que se réjouir de votre conversion ; après avoir appris toute la joie dont est rempli notre cœur paternel, croissez en bonnes œuvres,

---

(1) *Apocrisiarius omnem clerum palatii sub cura et dispositione regebat.* (Hincmar.) — Clovis donna à saint Remi le titre de duc, moins comme une dignité alors, que comme un dépôt de son autorité sur les peuples de sa métropole.

En commettant ainsi l'administration civile aux chefs de la religion, ce prince savait combien il serrait étroitement les nœuds de l'attachement et de l'obéissance de la nation à son souverain. La religion devenait le garant de cette confiance, et le bonheur des peuples en était l'objet. (*Annales historiques de la ville de Châlons-sur-Marne*, par Buirette de Verrières.)

mettez le comble à notre bonheur, et soyez notre couronne. Que l'Église, notre mère commune, se félicite d'avoir enfanté à Dieu un si grand roi. Continuez donc, glorieux et illustre Fils, à réjouir cette tendre mère, et soyez pour la soutenir une colonne de fer. Nous bénissons le Seigneur de vous avoir arraché à la puissance des ténèbres et d'avoir pourvu aux besoins de la religion en lui donnant pour défenseur un si grand roi, qui pût ceindre le glaive du salut contre les attaques de l'impiété. Poursuivez donc, mon bien aimé et glorieux Fils. Que le Tout-Puissant vous couvre de sa protection, vous et votre royaume, et vous fasse triompher de toutes les entreprises de vos ennemis! »(1).

(1) *Coll. conciliorum,* Labbe.

CHAPITRE V

495-507

Clovis répondit à l'attente générale par des œuvres dignes d'un roi chrétien. Ceux qui avaient souffert de l'invasion furent indemnisés, les églises furent dotées. Saint Remi surtout fut celui qui eut la plus large part dans ces pieuses libéralités. Clovis lui donna pour son église de vastes possessions dans les Vosges et dans d'autres provinces. Il lui offrit même la propriété de toutes les terres dont il pourrait faire le tour à cheval, pendant que lui-même ferait sa méridienne. On voyait encore, au xe siècle, au rapport de Flodoard, les limites marquées par saint Remi. Dieu, pendant cette course se plut à manifester son approbation à la munificence royale.

Un meunier, ne voulant point avoir de redevances à lui payer, repoussa le prélat, afin que son moulin ne fût pas compris dans l'enceinte de son domaine. « Puisque vous ne voulez pas que nous « le possédions ensemble, lui dit le saint, il ne sera « ni à vous ni à nous. » Et le moulin tout-à-coup s'écroula (1). *Dedit rex beato Remigio, dum in stratu suo quiesceret, omnes villas quas ambitu suo circumivit, in quarum finibus restat adhuc*

(1) *Hist. de S. Remi*, par M. Prior Armand. — Ce trait est représenté au naturel sur une tapisserie de l'église de Saint-Remi. Le meunier est auprès de son moulin; il se jette aux genoux du saint. La femme du meunier paraît inquiète sur le seuil de la porte du moulin. Un chien est auprès du meunier, et un beau paon se trouve à une légère distance.

« Clovis, dit Flodoard, traduit par Nicolas Chesneau (*Hist. Eccl. metrop. Rem.*, trad. de maître Nicolas Chesneau, etc., *Reims*, Jean de Foigny, 1580, in-4°, cité dans les *Essais historiques sur l'eglise de Saint-Remi*, par M. Lacatte-Joltrois, 1843.) faisant sa demeure à Soissons, se délectait d'avoir saint Remy en sa compagnie, et volontiers devisait avec lui. Mais d'autant qu'il n'avait point d'autres lieux pour habiter proche la ville, fors un petit hameau, qui avoit été donné à saint Nicaise, le roy, à la requestre de la reine, et à la poursuite des habitants des villages qui se plaignaient d'être cravantez (abîmés) et surchargez d'exactions et contributions, et qui, à cette occasion, désiraient plutôt payer à l'église de Reims que non pas au roy, dit à saint Remy qu'il lui donnerait tout le pourpris qu'il pourrait circuir, tandis qu'il prendrait son repos après dîner. Par quoi il se mit en chemin, et voit-on encore aujourd'hui les marques de sa circuition. Advint qu'un meunier le repoussa, de peur qu'il comprît son moulin dans ses limites. Mais il lui dit doucement : Mon ami, ne trouve pas mauvais que nous ayons ensemble ce moulin. Le meunier n'y voulut entendre, et voicy soudain la roüe du moulin tourna à rebours. Adonc le meunier commença à crier après saint Remi qui s'en allait, et lui dit : Viens, serviteur de Dieu, et ayons ensemble le moulin. Auquel le saint homme répondit : Ce ne sera ni pour toi ni pour mhoy. Incontinant un tel abîme s'ouvrit en ce même lieu, qu'oncques depuis il n'a pas été possible d'y bastir un moulin. »

Le fait est indiqué par les quatre vers suivants :

Un meunier de mauvaise affaire
Son moulin au saint refusa,
Qui en voulait bonne œuvre faire;
Et pour ce fondit et brisa.

*horribilis aquarum hiatus, ubi meritis ipsius mo-
lendinus corruit quem incolæ loci vocant* la Mar-
zelle. (Larisville).

Le crédit de saint Remi auprès de Clovis était au
moins égal à la venération que le prince lui portait.
Un des seigneurs de la cour, le comte d'Epernay,
s'étant rendu coupable du crime de lèse-majesté,
avait cherché à se soustraire au châtiment qui lui
était réservé en se réfugiant dans l'église de Notre-
Dame de Reims. Remi intercéda pour lui, et Euloge
fut gracié; tous ses biens lui furent rendus. Plus
tard il les donna à l'église où il avait trouvé protection, et se retira du monde.

Geneviève, cette fille miraculeuse, rivalisait
aussi de zèle pour enrichir l'église de Reims. Après
la mort de saint Germain, évêque d'Auxerre, elle
avait choisi saint Remi pour son guide spirituel;
elle venait le voir souvent, afin de lui ouvrir son
cœur et recevoir de lui des conseils qui pussent la
diriger et la faire avancer dans la piété. Son absti-
nence était étonnante. Depuis l'âge de quinze ans
jusqu'à celui de cinquante, elle ne s'était nourrie
que de pain d'orge et de fèves; elle ne quitta ce
genre de vie que lorsque saint Remi lui eut ordonné d'user d'un peu de lait et de poisson.

Le roi lui-même avait été frappé des vertus et
des miracles de Geneviève, et, pour témoigner la
haute estime qu'il lui portait, il lui avait fait don
de deux métairies domaniales qui touchaient à la
ville de Soissons, sa résidence royale. La sainte
accepta avec reconnaissance l'offre du roi; mais,
estimant trop la pauvreté évangélique pour retenir
ces deux domaines, elle les laissa à saint Remi.

Dans son testament, il rapporte avec bonheur ce trait de générosité de la célèbre bergère de Nanterre, qu'il appelle sa fille et sa sœur en Jésus-Christ.

Cependant Clovis avait eu la douleur de voir descendre dans la tombe la princesse Alboflède, sa sœur, qui passa à une meilleure vie peu après son retour à Soissons. Depuis son baptême elle avait mené une vie angélique. Le roi se montra sensiblement affecté de cette perte. Saint Remi crut devoir l'en consoler par une lettre qui est venue jusqu'à nous. Il commence à mêler ses larmes à celles du prince ; puis il lui rappelle les vertus de sa chère sœur qu'il pleure ; il lui dit de se réjouir, parce que le *Roi du ciel s'est fait une joie de tirer cette sainte vierge, qui a mérité d'être la bonne odeur de Jésus-Christ, des misères de ce monde pour la placer avec les chœurs des anges dans la gloire du paradis. Bannissez donc*, ajoute-t-il, *le chagrin de votre cœur, gouvernez votre Etat avec votre sagesse et votre vigueur ordinaires*, etc. Toute cette lettre montre la délicatesse du saint et la dignité noble de l'évêque qui parle au nom du Roi des rois, devant qui ceux de la terre ne sont que cendre et que poussière.

L'attachement respectueux que Remi avait pour Clovis le rendait de jour en jour plus cher à ce prince, qui ne cessait de le combler de ses faveurs. Il en donna une preuve nouvelle en érigeant en évêché la ville de Laon, qui n'était auparavant qu'une paroisse du diocèse de Reims. L'église fut placée sous l'invocation de la Reine du ciel, en qui Remi avait une confiance sans bornes, et dont il étendait partout le culte consolateur. La date de cette érection est rapportée par Sigebert en l'an 500. Il mit à la tête de cette église un homme du plus grand mérite, qui, de concert avec son épouse, avait quitté le siècle pour se retirer dans la solitude. Son nom était Génebaud.

Le zèle de Remi n'était point renfermé dans les limites de sa métropole. Parmi les Francs, il y avait encore un grand nombre d'idolâtres ; ils s'étaient retirés près de Regnacaire, chef des Francs du pays de Cambrai, et près de Cararic, maître de Therouënne, deux princes adonnés au culte des fausses divinités. Remi, qui se regardait comme envoyé de Dieu pour procurer le salut de tous les peuples de la Belgique, leur envoya des évêques qui, sous la protection de Clovis, pussent travailler à leur conversion.

Saint Vaast (1) prêcha l'Evangile à Arras, Anthi-

---

(1) Saint Vaast fut consacré par saint Remi, en 497. Voici ce qu'en dit Baldéric en son histoire : *Favente rege Clodovœo, S. Remigius ordinatum Vedastum Cameraco et Attrebato dirigit urbibus;* ce qui est conforme au manuscrit gardé du temps de D. Marlot, en l'église de Saint-Remi, qui contient la vie de saint Vaast : *Rex B. Vedastum sancto Remigio commendavit, quem divina disponente, gratiâ ordinavit episcopum, et ad prædicandum verbum Attrebatensem eum direxit ad urbem.* — (Ex vitâ mˢˢ S. Vedasti. — D. Marlot, ch. XIII.)

Saint Aubert, évêque de Cambrai et d'Arras, fit la translation du corps de saint Vaast, premier apôtre des Artésiens, lequel fut tiré de l'église cathédrale d'Arras, où il avait été conservé jusque-là pour être mis au célèbre monastère qui porte son nom, en présence de saint Lambert, évêque de Tongres, et saint Omer de Térouenne, l'an 657 ou 658, d'après Sigebert. — (D. M., liv. 6, ch. 23.)

mond à Therouënne, ville capitale de Morins (1).
Vaast se montra digne de la charge qui lui était
confiée, et son zèle eut bientôt amené dans ce pays
le triomphe de la loi divine. Plus tard, en 511, il
fut appelé par saint Remi à régir le diocèse de
Cambrai avec celui d'Arras. Anthimond, après avoir
été élevé au sacerdoce (2) s'était retiré dans une
solitude où il menait la vie des cénobites. C'est au
fond de cette retraite que Remi était venu le chercher pour l'employer au grand œuvre de l'apostolat.
« Allez, lui avait-il dit en le sacrant évêque, vous
« trouverez un peuple dur, attaché à ses anciennes
« superstitions ; mais par la puissance de votre pa-
« role, qui est plus pénétrante qu'un glaive, vous
« parviendrez à triompher de son obstination. »
Les conquêtes d'Antimond répondirent aux espérances de Remi.

Mais le zèle de notre saint archevêque ne se
borna pas à ces succès, auxquels il avait une si
large part : il avait un cœur de prêtre, un cœur
embrassant par sa charité l'univers entier. Il aurait voulu ramener dans le sein de l'Église catholique ces hérétiques qui l'avaient abandonnée
pour courir dans les voies de la perdition et de la
mort.

L'arianisme dominait dans les Gaules. La Bourgogne surtout était infectée de ses erreurs, et les
évêques orthodoxes, malgré tous leurs efforts, ne

----

(1) Henri VIII, d'Angleterre, dans la guerre qu'il déclara à
Louis XII, posa le blocus devant Thérouënne, s'en empara, fit
mettre à feu ses faubourgs et abattre ses murailles (1514). On
trouve à peine aujourd'hui quelques vestiges de cette cité.

(2) Anthimond avait été consacré en l'an 497, par saint Remy.

pouvaient anéantir un mal si déplorable ; car l'arianisme mettait en question le fond même du christianisme ; il niait la divinité de Jésus-Christ. Jésus-Christ, ce n'était plus qu'un grand homme qui avait eu ses idées, et qui était mort pour ses idées. Arius était soutenu par ce que nous appellerions maintenant le rationalisme et l'esprit de cour : le rationalisme, qui s'accommodait naturellement d'un philosophe substitué à un Dieu ; l'esprit de cour, qui était effrayé de la croix, et qui, en la transportant d'un Dieu à un homme, croyait en éloigner de ses viles épaules le lourd fardeau. Cette hérésie mit l'Eglise à deux doigts de sa perte, si l'on peut parler ainsi ; elle eut un succès immense, et après avoir corrompu l'Orient, elle menaçait l'Occident tout entier. Les sentinelles avancées de l'Eglise devaient donc se trouver sur la brèche pour la défendre.

Plusieurs conférences avaient été tenues à Lyon dans ce but, mais sans résultats heureux. Remi crut cependant que c'était là que devait être abattue l'hérésie. Aussitôt il écrit à Etienne, évêque de Lyon, et lui conseille de demander au roi Gondebaud, de concert avec ses frères dans l'épiscopat, la permission d'entrer en conférence avec les évêques ariens. La proposition est agréée. Après quelques démarches, ils obtiennent du roi la grâce qu'ils sollicitent. Gondebaud voulut assister lui-même à cette célèbre conférence, qu'Avitus, évêque de Vienne, présidait (500 ou 499). Les actes nous en sont restés. En voici le commencement : Providente Domino ecclesiæ suæ, et inspirante pro salute totius gentis cor Domini Remigii, qui ubique

altaria destruebat idolorum et veram fidem po-
tenter cum multitudine signorum amplificabat, etc.
Spicilegium de D. Luc d'Achery. « Dieu, pour-
voyant au bien de son Eglise, et inspirant pour le
salut de son peuple le seigneur Remi, qui détruit
partout les autels des idoles et travaille puissam-
ment à la propagation de la vraie foi par le grand
nombre des miracles qu'il fait pour la confirmer,
plusieurs évêques se sont réunis, avec l'agrément
du roi, pour faire rentrer, s'il y avait moyen, dans
l'unité de l'Eglise, les ariens, qui s'en sont séparés. » La vérité triompha de l'erreur ; le parti
arien fut confondu, de l'aveu même de Gondebaud,
qui n'en fut pourtant que plus obstiné contre la
vérité. Il se rendit, par cette conduite, indigne de
la protection que les évêques catholiques lui avaient
fait espérer auprès de Clovis, dont il s'était attiré
la colère en foulant au pied la justice des traités.
Il retenait une partie de la Bourgogne, qui appartenait au roi franc, et Clovis avait à venger sur
lui la mort de Chilpéric, son beau-père.

Clovis lui déclara la guerre. Avant de l'entreprendre, il consulta saint Remi, qui le confirma
dans sa résolution, et bénit ses armes. Il lui remit
un flacon de vin, lui promit la victoire tant que ce
vin suffirait à son usage de chaque jour. On ajoute
que ce vin était miraculeusement renouvelé à mesure qu'on y touchait, de sorte que le flacon resta
toujours plein (1).

(1) Hincmar, M. Prior Armand, *Hist. de S. Remi.*

A Clovis comme il fut notoire,
Un baril de vin prépara
Et lui dit : tu auras victoire
Autant que le vin durera.

(5e tapisserie.)

Clovis attaqua Gondebaud près de Dijon, le poursuivit jusque dans Avignon, d'où il ne lui permit de sortir qu'à la faveur d'un traité honteux qui le rendit son tributaire. L'arianisme reçut, dans l'humiliation de son protecteur, un coup mortel. Le dernier coup lui fut porté dans l'Aquitaine, par la défaite entière du roi Alaric.

Ce prince, traître à la foi jurée, violateur du droit des gens dans la personne d'un ambassadeur de Clovis, persécuteur des évêques catholiques, méritait un tel châtiment.

« J'entreprends une guerre sainte, disait Clovis ; je ne puis voir sans une amère douleur qu'une si belle portion des Gaules, soit la proie de ces ariens. Marchons avec l'aide de Dieu, ajoutait-il à ses soldats, et, après les avoir vaincus, que leurs terres restent en notre pouvoir, et nos frères sous notre protection. »

Saint Rémi, informé des préparatifs de la guerre, écrivit au roi une lettre qu'il reçut avec beaucoup de respect : « Une grande nouvelle est venue jusqu'à nous, lui dit-il, c'est celle de votre seconde expédition. Il n'est pas surprenant que vous ne soyez pas dégénéré de la vertu de vos ancêtres. Faites en sorte que le jugement de Dieu ne vous abandonne pas, maintenant que vous voilà récompensé de votre mérite par votre élévation au faîte de la gloire ; car, ainsi qu'on le dit ordinairement, c'est par la fin qu'on doit juger des actions de l'homme.

« Vous devez vous entourer de conseillers dignes de faire honneur à votre nom, vous montrer chaste et honnête dans la gestion de votre bénéfice, honorer les prêtres du Seigneur, et recourir toujours à leurs conseils. De votre accord avec eux résultera le plus grand bien pour votre province.

« Protégez tous les citoyens, soulagez les affligés, secourez les veuves et nourrissez les orphelins, afin que l'on vous aime et que l'on vous craigne en même temps. Que la justice sorte de votre bouche ; n'attendez rien des pauvres et des étrangers, et ne recevez jamais la moindre chose en présent ; que votre palais soit ouvert à tout le monde et que personne n'en sorte mécontent.

« Servez-vous des richesses que vos pères vous ont laissées, pour en délivrer des captifs et les affranchir du joug de la servitude. Si quelqu'un paraît devant vous, qu'il ne s'aperçoive point qu'il est étranger. Jouez avec les jeunes gens, parlez d'affaires avec les vieillards, si vous voulez qu'on vous juge digne de régner (1). »

Clovis, de son côté, avait écrit à saint Remi pour le prier de lui dire s'il devait entreprendre la guerre contre Alaric. La réponse du saint est perdue. Le roi le priait encore de lui accorder sa bénédiction ; elle lui fut donnée solennellement.

Clovis, en sortant de Paris, ordonna, afin de se conformer aux désirs de saint Remi et de mériter la protection du Ciel, qu'une église serait bâtie en l'honneur des saints apôtres Pierre et Paul. En envoyant au tombeau de saint Martin de riches offrandes, il prescrivit qu'on fût attentif aux paroles que chanteraient les clercs au moment où les offrandes entreraient dans la basilique ; et il arriva

(1) Cette lettre est imprimée dans la dissertation sur l'origine des Francs, par J. Rebaud de la Chapelle. — Paris, 1748, in-12.

que ces paroles étaient celles-ci : *Vous m'avez revêtu de force pour la guerre, et vous avez mis sous mes pieds ceux qui s'élevaient contre moi* (1) : circonstance qui lui fit bien augurer de son expédition. Pour plus grande marque de vénération envers saint Martin, il défendit à ses soldats de rien enlever sur le territoire de Tours, si ce n'est de l'herbe et de l'eau. Un soldat ayant transgressé cette défense, il le frappa lui-même de son épée, disant avec colère : « D'où nous viendra l'espérance de la victoire, si nous offensons les saints qui ont la faveur de Dieu? »

Alaric ne défendit point le passage de la Loire. Les deux armées se rencontrèrent. Alaric fut vaincu et tué dans la mêlée, de la main même de Clovis (507) (2). Il recueillit d'immenses fruits de son triomphe, poussa ses conquêtes jusqu'à Bordeaux et Toulouse, et réduisit sous sa domination presque tout le pays qu'avaient occupé les Visigoths. Puis enfin il alla à Tours, voulant porter lui-même au tombeau de saint Martin ses actions de grâces et ses nouvelles offrandes (3).

(1) Psaume XVII, 40.

(2) Hincmar nous assure que le roi fut préservé, par les mérites de saint Remi, de la lame de deux Goths qui l'assaillirent à l'instant qu'il tirait Alaric. — (D. Marlot, ch. 14.)

(3) Clovis rapporta à Tours la chappe de saint Martin, qui avait été son étendard dans la guerre, et à laquelle il se glorifiait de devoir une partie de ses triomphes; il vint consacrer sur le tombeau du saint thaumaturge, sa lance, sa francisque, et fit présent au chapitre de son cheval de bataille. Au bout de quelques jours, Clovis voulut le ravoir, et remit en échange cent sous d'or; on lui dit que le cheval ne se souciait pas de sortir de sa bonne écurie. Le roi des Francs sourit, doubla la somme, et le cheval sortit. C'est alors que Clovis dit gaiement : « Saint Martin sert bien ses amis, mais il se fait payer un peu cher. »

Il envoya aussi dans le même temps, et d'après le conseil de saint Remi, de riches présents au vicaire de Jésus-Christ, au saint pontife romain, pour lui témoigner le respect profond qu'il portait à son autorité, et remercier le seigneur de la victoire qu'il avait accordée à ses armes. Un diadème d'or de grand prix était joint à cet envoi (1). Ainsi Constantin donna autrefois son diadème au sauveur du monde qui se voit encore pendant à l'autel Sainte-Sophie; l'empereur Henri fit présent à l'Eglise d'un monde tout diapré des plus exquises pierreries. (D. Marlot, ch. 14ᵉ.)

Le Saint-Siége fut sensible à la conduite qu'avait tenue Remi en ces circonstances, et lui décerna un titre illustre. Le pape Symmaque (2) le déclara légat du saint Siége, primat de tous les pays soumis à la domination du roi mérovingien, et lui fit remettre en témoignage de cette dignité un bâton de cèdre enchâssé d'or (3). Il le félicite de son amour pour la chaire de Pierre, de sa fermeté à maintenir dans sa pureté la doctrine de l'Eglise et des Pères. En voici la traduction par Marlot :

« A notre très-cher frère Remi.

« Nous avons reçu les lettres de votre fraternité

---

(1) C'est la première des trois couronnes de la tiare; les deux autres furent ajoutées par Boniface VIII et Jean XXII.

(2) D'autres veulent que ce fut le pape Anastase qui écrivit cette lettre; d'autres, que ce fut le pape Hormisdas. De part et d'autre, comme dans le sentiment que nous adoptons, il y a des difficultés chronologiques à peu près inextricables, puisqu'on ne saura jamais précisément en quelle année cette lettre fut écrite.

(3) On en avait donné une partie en 1251, à l'église de Saint-Remi, en Provence; le reste a disparu en 1793. — (Note des éditeurs de D. Marlot, ch. 17.)

remplies d'un grand témoignage de joie et de satisfaction, et nous nous sommes réjoui d'apprendre
que votre santé corporelle s'accorde avec les bons
offices que vous rendez à votre charge, si bien qu'il
nous a semblé convenable de vous témoigner par
écrit le contentement que nous en avons. Vous
accomplissez parfaitement le précepte du grand
pontife, lorsque vous faites ce que vous enseignez,
et ne cessez pas de prêcher ce qui est à faire; nous
estimons que c'est une grande prérogative en votre
personne, de voir que vous pratiquez avec ferveur
ce que nous commandons sérieusement aux autres,
et que vous faites en sorte, en ces provinces éloi-
gnées où vous êtes, que les ordonnances du saint
Siége apostolique et les règles des saints Pères
soient étroitement observées.

« C'est pourquoi nous vous établissons par la
présente, notre vicaire partout le royaume de notre
très-cher fils le roi Clovis, lequel par l'assistance
du ciel, accompagnée de plusieurs miracles qu'on
peut égaler à ceux qui parurent au temps des
Apôtres, vous avez converti à la foi avec tout son
peuple et consacré par la grâce du baptême; les
priviléges réservés que l'antiquité reconnaît aux
métropolitains, nous vous les accordons.....

« Nous vous enjoignons, en outre, de faire ob-
server les constitutions des anciens avec les décrets
et décisions des saints conciles; c'est à quoi vous
devez tenir la main et y employer vos soins accompagnés d'une fraternelle exhortation... Lorsque
l'occasion se présentera d'assembler un concile
universel, pour le bien de la religion, tous les
frères ayant à s'y trouver à votre invitation, si

quelque empêchement particulier ne les en dispense, tâchez d'empêcher les débats qui peuvent naître en eux, par la règle de la sacrée parole. Tout ce qui sera délibéré pour la vérité de la foi, ou mûrement ordonné, ou bien confirmé par l'autorité de votre personne, faites en sorte que par une délégation particulière, instruite de bons mémoires, nous en soyons averti ; par ainsi, et moi en donnant et vous, en recevant, jouirons d'une parfaite assurance et tranquillité d'esprit. Que Dieu vous maintienne en santé, mon très-cher frère. » (D. Marlot, liv. vᵉ, chap. 17ᵉ.)

CHAPITRE VI

507-511

La réputation de saint Remi attire en France de nobles étrangers qui se mettent sous sa direction. — Chute de Génebaud, évêque de Laon ; — sa conversion ; — sa pénitence ; — il est réintégré dans ses fonctions. — Zèle de Remi dans les provinces de la Belgique. — Ses succès dans les évêchés de Toul, de Metz, de Verdun, de Cologne. — Miracles d'Hydrissen. — Il forme plusieurs disciples au ministère évangélique. — Saint Thierry. — Saint Vulgis.

La réputation de Remi et la tranquillité dont les chrétiens jouissaient sous la domination de Clovis attirèrent dans les Gaules une foule de nobles étrangers qui vinrent se jeter dans les bras du saint archevêque, que la chrétienneté regardait comme un astre luisant au ciel de l'Eglise de France (D. M., liv. v, chap. 21), et se mettre à couvert des malversations qu'ils avaient à supporter dans leur ingrate patrie.

De ce nombre furent Otbod, d'Ecosse, Précord, Berthold et Amand, qui tous, par la pureté de leur vie, ne manquèrent pas de se concilier l'amitié compatissante de notre saint (1).

(1) Les moines écossais, surtout les culdées d'Outre-mer.... (culdée, nom des moines d'Ecosse et d'Irlande ; *cultores Dei*, ou selon M. Michelet, *Hist. de France*, dérivé des mots *Deus* et *celare*, solitaires de Dieu en langue latine et celtique.) Ces culdées sortirent de leur île, dans toute la force de l'âge et de la conviction, comme plus tard, à la fin du VI° siècle, à l'exemple de saint Gall et du courageux saint Colomban, ces hirondelles apostoliques, venues à travers l'océan, chercher et répandre dans nos climats plus doux les bienfaits d'une religion civilisatrice.

Il vit encore arriver à lui, de l'Ecosse, le prêtre Gibrien (1), accompagné de ses six frères et de ses trois sœurs. Ils se dispersèrent, avec la permission de Remi, sur les bords de la Marne. Gibrien s'arrêta à Coolus, Hélan à Bisseuil, Germain à Avize, Trésain à Mareuil, Véran à Matougues, sainte Posenne à Bouzy. Tous, ainsi que leurs trois sœurs : Francle, Prompte et Posenne, sont honorés d'un culte public dans l'Eglise (2).

A la vue de si hautes et de si excellentes vertus, Remi ressentait une vive consolation ; mais ici bas, il n'y a point de joie pure et sans mélange ; Dieu permit qu'elle fût cruellement tempérée par le scandale que causa l'évêque de Laon, son proche parent (3).

---

(1) Ces bienheureux, vivant en anges en ces retraites écartées du monde n'avaient d'autre soin que de consacrer à Dieu toutes leurs pensées, et on eût dit que Dieu voulait faire revivre en notre Champagne la ferveur des anciens anachorètes. Le décès de saint Gibrien est marqué l'an 509 par Sigebert. Flodoard ajoute que son corps fut inhumé près de la route où, par après, à cause des miracles qui s'y faisaient, on bâtit un oratoire sur sa tombe. — (La colline sur laquelle saint Gibrien fut mis en terre, était assez proche d'un ruisseau qui se va joindre à la Marne, duquel on tient que le village de Coolus a pris son nom. — D. Marlot, note.)

(2) VIII. Idus maii, in territorio Catalaunico, depositio s. Gibriani confessoris. *Martyrolog. Rem.*

(3) Le siége épiscopal de Laon, érigé vers la fin du ve siècle par saint Remi, dans un simple château du bourg fortifié qui faisait partie du domaine temporel des archevêques de Reims, et qui, vers la fin du xiie siècle, était décoré des titres de duché-pairie ecclésiastique, fut supprimé par le concordat passé entre le premier consul de la République française et le pape Pie VII en 1802. Il fut rétabli après la convention négociée

Génebaud, après la dissolution volontaire des liens qui l'attachaient à son épouse, nièce de Remi, mena d'abord une vie régulière. Mais bientôt, se fiant trop à ses propres forces, sa présomptueuse vertu fut ébranlée. Il permit à son épouse de venir le visiter, et transgressant ses vœux, il tomba dans l'abîme.

Couvert de confusion, et le repentir dans le cœur, il mande saint Remi : celui-ci accourt ; Génebaud lui confesse sa faute avec larmes et gémissements et veut lui remettre l'étole épiscopale. Saint Remi le console, l'exhorte à faire pénitence. Génebaud est enfermé dans une cellule, espèce de tombeau, où il passa sept ans dans les larmes, les veilles, les jeûnes et la prière.

à Rome en 1817, entre le même pontife et le gouvernement de Louis XVIII ; mais ce rétablissement effectué par ordonnance royale n'eut pas de suite, et le titre épiscopal de Laon resta définitivement à l'évêché de Soissons. Dès le IVe siècle, et antérieurement à l'avènement de Constantin à l'empire, il existait à Laon une église dédiée à la sainte Vierge, qui devint la cathédrale du nouveau diocèse. Cette église, agrandie ou plutôt reconstruite, lorsque le nombre des chrétiens se fut multiplié dans le ressort de la cité, en était le monument principal et le plus bel ornement, si l'on en croit les chroniqueurs.

Incendiée et presque entièrement détruite en 1112, elle fut reconstruite avec plus de magnificence par Barthelemy de Vyr, 43e évêque de ce siége, grâce aux collectes qui se firent en France et en Angleterre. La dédicace du nouveau temple, placé comme l'ancien sous l'invocation de Notre-Dame, eut lieu le 6 septembre 1114, en présence de deux cent mille pèlerins accourus de toute part, et manifestant à l'envi leur étonnement de voir cette église sortie de ses ruines en aussi peu de temps et avec plus de splendeur qu'elle n'en avait jamais eue. — (Le *Siècle*, n° du 21 juillet 1851.)

En frappant ainsi le pasteur, Remi n'abandonnait point le troupeau ; il en prit lui-même la conduite, partageant son temps entre les deux églises de Reims et de Laon.

Les sept années expirées, la veille du jeudi saint, Génebaud vit en songe un ange qui l'assurait du pardon de ses fautes, et qui lui ordonnait d'aller à l'église réconcilier les pénitents. En même temps, il lui ouvrit la porte de sa cellule, que saint Remi avait scellée. Mais Génebaud, prosterné à terre, les bras en croix, proteste qu'il ne sortira point que Remi ne lui rende la liberté.

Cependant le saint archevêque consacrait aussi cette nuit à la prière ; ravi tout-à-coup en extase, il voit à ses côtés un ange qui l'instruit de ce qui se passe et lui ordonne de rétablir Génebaud dans les fonctions de son ministère.

Le lendemain matin, il se rend en toute hâte à Laon ; il trouve le pénitent dans la position où l'ange l'avait laissé, l'embrasse tendrement et le rend à son siége (1). Génebaud, depuis ce jour,

---

(1) La cinquième tapisserie de l'église de Saint-Remi, contient presque exclusivement les faits de l'histoire de Génebaud. — Ils sont représentés en deux tableaux. On voit dans le premier Génebaud, condamné à rester pendant sept ans emprisonné pour ses péchés, se rendre à la prison, sur l'ordre de saint Remi, qui l'accompagne. Une femme est à genoux sur leur passage, demandant l'aumône. On lit au-dessous :

Par saint Remy en prison fust inclus,
Saint Génébaud, sans faire résistance ;
Pendant sept ans dit qu'il serait reclus
Pour son péché et ferait pénitence.

Dans le second, Génebaud paraît dans une tour derrière une fenêtre garnie de barreaux de fer. Un ange lui parle à travers

vécut dans une grande humilité, et mourut comblé
de bénédictions et de mérites, le 5 septembre 549.
Ainsi, le Seigneur a voulu nous montrer, en la
personne de ce saint, pour la consolation des pécheurs, qu'il peut faire sortir, quand il lui plaît, la
lumière du sein des ténèbres.

Les Gaules étaient encore une enceinte trop
étroite à la charité du grand apôtre. C'était un
astre bienfaisant qui éclairait et vivifiait les pro-
fondes vallées comme le sommet des montagnes ;
c'était un fleuve immense dont le cours majestueux
et paisible enrichissait et fécondait les campagnes
et les cités.

Ainsi, le voyons-nous sortir de Reims et s'en
aller portant la parole sainte dans le diocèse de
Toul, de Metz et de Verdun. Tantôt il évangélise
les pauvres bourgades abandonnées de pasteurs,
tantôt il se fraie une route inconnue jusque sur la
cime des rochers. Les Vosges, presqu'infranchis-
sables alors, ne sont pas inaccessibles à son ardeur. Pour éclairer, pour sauver une seule âme, il
s'exposerait à mille morts. Ebranlé par son zèle,
ce peuple ne tarda pas à sortir de son assoupisse-
ment.

Remi fut ensuite porté par l'esprit de Dieu à visiter le territoire de Cologne, et là, comme dans

les barreaux, et l'engage à sortir de prison. Mais Génebaud n'y
veut consentir qu'autant que saint Remi voudra lui-même en
ouvrir les portes :

> L'ange de Dieu en sa prison descend,
> Et délivrance au dit saint il apporte,
> Lequel répond qu'à cela ne consent,
> Si saint Remy ne lui ouvre la porte.

les pays qu'il devait évangéliser, sa parole, fortifiée de la vertu d'en haut, lui fit recueillir une riche moisson.

On raconte qu'un bourgeois d'Hydrissen, petite ville située près de Cologne, était mort léguant à sa paroisse une partie de ses biens. Son gendre, homme avare, avait intenté une action à l'église, et le procès était pendant. Saint Remi est appelé pour arbitre. Quatre témoins viennent déposer sur la foi du serment que les titres présentés par le chapitre sont faux. Remi, pour connaître la vérité, proposa d'interroger le mort. On accepte. On vient sur sa tombe. Remi interpelle le défunt : il se lève et répond confondant les imposteurs et rendant hommage à la vérité. Une punition sévère fut infligée aux faux témoins. Le gendre, rentré en lui-même, donna une partie de son bien à l'église d'Hydrissen et une autre à l'église de Reims (1).

De retour dans sa métropole, Remi reprenait ses premiers travaux, et partout les mêmes succès l'accompagnaient.

Dieu, pour l'aider à soutenir le poids du ministère, lui envoya plusieurs coopérateurs. Sans parler des pèlerins écossais, il en suscita plusieurs du diocèse :

Celsin, fils de sainte Balsamie, qui avait été sa nourrice ;

Agricola, le neveu bien-aimé de notre saint et son héritier ;

Léonard, qui avait été baptisé par saint Remi ;

Arnoul, dont on a déjà parlé ;

(2) M. P. Armand, *Hist. de S. Remi*, d'après Larisvilla. — D. Marlot, ch. 13.)

Médard, qui rendit si florissantes les églises de Noyon et de Tournai (1) ;

Eleuthère, que ses mérites firent élever plus tard au siége d'Auxerre ;

L'archidiacre Ursus, Attols, Eusèbe, Vulgis (2), et

(1) Saint Médard, fils de Nectardus, noble franc, et de Protagia, vénérable matrone romaine, était né à Salency. — (Hist. de sainte Radegonde, page 83.)

Hujus ordinationis caput extitit C. Remigius Remorum archiepiscopus, qui B. Medardum sanctificationis perungens oleo, super gregem Christi pastorem instituit. — (Ex vita m⁰ˢ S. Medardi, ex bibliotheca S. Remigii Rem.).

(2) Vulgis, remis entre les mains de saint Remi en même temps que le fils de Rogatien, comte de Rethel, s'était retiré, après avoir été ordonné prêtre, aux extrémités de la forêt de Retz, sur le penchant d'une colline que baignaient les eaux de la rivière de l'Ourcq. Vulgis y bâtit une petite cellule et un oratoire. Ce lieu était sombre et désert, peuplé par les oiseaux des bois, environné de ronces. C'est là que le saint ermite passa près de quarante années de sa vie, livré à la contemplation, chantant les louanges du Seigneur que les lointains échos répétaient.

Une circonstance imprévue révéla ce trésor caché au regard des hommes.

Un pauvre paysan gardait au bord de l'Ourcq deux vaches qui composaient tout son bien : la rivière sortit de son lit, et les paisibles animaux disparurent, entraînés par le courant. Le paysan poussait des cris lamentables. Vulgis les entendit, et parvint, au péril de sa vie, à rendre au paysan les objets de ses regrets et de sa douleur.

Le bruit de ce dévouement se répandit bientôt dans la contrée. On s'empressa d'accourir vers la cellule de Vulgis, pour obtenir sa bénédiction ; il devint le protecteur des campagnes, et lorsque quelque épidémie régnait parmi les bestiaux, on accourait implorer sa médiation auprès de Dieu. Le pieux cénobite, toujours humble, n'acceptait qu'en tremblant cette mission ; mais ses prières étaient sincères, et la foi les portait au pied du trône de Dieu. Vulgis mourut en l'an de grâce 550, âgé de quatre-vingts ans. Il fut inhumé à la place même où il avait fixé sa demeure ; une église y

4

plusieurs autres, tous astres radieux, étoiles détachées du firmament, lesquels, recevant de lui la lumière, forment autour de la tête de notre saint la plus brillante auréole.

Une de ces saintes étoiles fut le saint abbé Thierry. Né dans l'obscurité au village d'Auménancourt, d'un père appelé Marquart (1), qui était voleur de profession, il porta dès sa naissance les marques d'une sainteté extraordinaire. On raconte, pour preuve de la chasteté à laquelle la grâce l'appelait, que la fontaine où furent lavés ses langes ne fut jamais souillée par aucune impureté (2). D. Marlot dit de lui : « qu'il parut comme une rose entre les épines, ou comme un beau cèdre au milieu des halliers de sa naissance. »

Le jeune homme se mit sous la protection de saint Remi, qui l'éleva dans la science et dans la piété. Engagé malgré lui par ses parents dans l'état du mariage, il réussit à persuader à son épouse de se consacrer avec lui à l'époux céleste des vierges. Il la confia à une sainte fille, appelée Suzanne, qui, sous la direction du grand prélat, gouvernait un monastère de vierges.

---

fut élevée, et la vénération des fidèles y bâtit un village. Canonisé par la reconnaissance des malheureux, Vulgis devint le patron de tout le Valois ; ses reliques furent transportées à la Ferté-Milon, mais la pierre de son tombeau demeura à Troines ; elle est encore aujourd'hui, après quatorze siècles, l'objet d'un pieux pèlerinage. — (*Mémorial cath.*, — Année 1840, — par M. L.-F. Guérin.)

(1) B. Theodorici pater Marcardus vocatur in m^us codice. — (D. M., note.)

(2) Flodoard.

Il se retira sur le mont d'Or (1), et devint bientôt le chef et le père d'un grand nombre de solitaires que la bonne odeur de ses vertus avait attirés auprès de lui (2). « Estant fait prêtre, il se mit à catéchiser les peuples, convertit son propre père et éclata en miracles ; si que sa réputation volant par toute la France, le roi Théodoric qui en eust advis, le manda de venir en cour pour toucher l'un de ses yeux qui s'alloit perdre, étant couvert d'une taye, et qu'il guérit avec le signe de la croix. » (D. Marlot, liv. v, chap. 20.) Tel est le berceau de cette magnifique abbaye de Bénédictins qui succéda aux pieux ermites que le saint abbé avait appelés à la vie cénobitique. Tantôt collége de chanoines,

(1) Est sylvula in monte sita, tribus a civitate millibus separata. Flodoard. — Montis nomen est *Hor*, ut est in vita S. Theodorici apud Surium. — D. M., note.) C'en est fait, son choix est fixé. Il abat les rameaux de toutes parts, arrache les racines et se construit une cellule. De fidèles compagnons se joignent à lui, et la demeure des hommes succède aux antres des bêtes fauves. Tel fut le commencement de l'abbaye du mont d'Hor : Une baraque de bûcheron bâtie par un moine. Mais bientôt les étendards du salut brilleront au milieu des hêtres ; les loups fuiront devant la croix. Le montagne ne sera plus qu'un temple.

(Voir l'hist. de Sainte-Radegonde, page 33.)

(2) La multitude altérée de ses préceptes courait à lui, comme à la source de vie. Chacun s'enrôlait sous la bannière de l'abbé ; chacun prenait la croix ; la vie monastique était une passion nationale à cette époque. — La vie monastique ne commence en effet qu'après la victoire définitive du christianisme dans le courant du IVe siècle : « Les martyrs de la pénitence ne sont venus qu'après les martyrs de la foi, dit saint Jean de Damas. » Tant que dura la persécution, les chrétiens n'eurent pas besoin de protester contre la tiédeur par des vertus surhumaines et une existence de solitude et de résignation. Ils témoignaient alors sous le fer des bourreaux.

et tantôt communauté de moines, on vit sortir de l'abbaye de Saint-Thierry des hommes élevés aux plus éminentes dignités du sacerdoce, et dont les mains pures avaient cultivé les terres de leur maison, et défendu éloquemment la religion et les droits de l'Eglise par leurs pieux et savants écrits.

A ces bienheureux disciples peuvent être ajoutés l'archidiacre Urdus, Hilaire, que saint Remi nomme sa fille bénite dans son testament, et Celse, sa cousine, Attole, fondateur de douze hôpitaux, Théodius, Pappolus, Eulobius, Eurebius, Rusticolus, Eutrogrius, qui ont reluy comme des astres très lumineux au firmament de cette province, dont les mérites doivent relever d'autant plus la réputation de notre saint Prélat que la gloire du maître se reconnaît en ses disciples, et la perfection de l'ouvrier en la beauté de ses ouvrages, toutes ces personnes instruites en son escole estant les vrais caractères de sa doctrine et les fruits plus agréables de ses travaux : au moyen de quoi un sien panégyriste, le comparant au térébinthe sacré de l'Escriture, dit qu'il a espandu ses rameaux par toute la France avec tant d'avantage, qu'il se trouve peu de villes en France qui ne soient ornées et embellies de ses feuillages (D. Marlot, liv. 5, ch. 20.)

Le premier effet du zèle de saint Thierry, lorsqu'il fut sur le mont d'Or, fut de faire anéantir par saint Remi un lieu de débauches nommé *Cédrius* (1), où vivaient, dans des grottes écartées,

_____

(1) Ce mot, qui paraît être un diminutif de *cedras*, porte à croire que cet endroit était planté de cèdres. On sait aussi qu'il y avait entre Reims et Châlons une grande forêt de châtaigniers.

quarante femmes de mauvaise vie, et sur les ruines duquel s'éleva plus tard un monastère de vierges chrétiennes.

Saint Thierry fut l'imitateur des vertus de son digne maître. Il mourut en l'année 533. Le roi d'Austrasie vint à ses funérailles, et revendiqua l'honneur de le porter en terre.

La charpente de la cathédrale de Reims est tout entière de ce bois. — (V. *Vita S. Theod.*, p. 114, m".)

CHAPITRE VII

511-530

Celui qui règne dans les cieux élève les rois sur leurs trônes et les en fait descendre quand il lui plaît. Clovis, doué de grandes qualités, né pour agir et pour commander, mais avide d'acquérir par des voies qui n'étaient pas toujours justes, avait soumis à sa puissance la plupart des provinces gauloises que gouvernaient encore plusieurs petits rois, ses tributaires. Pour effacer ces actions indignes de son nom, et pour apaiser la colère céleste, il employait ses soins et ses trésors à une multitude de bonnes œuvres, lorsqu'il fut enlevé tout-à-coup dans la quarante-cinquième année de son âge et la trentième de son règne. A la fin de sa vie, sainte Clotilde se retira à Tours, afin de ne plus être témoin des divisions de ses fils. Son corps fut enseveli à côté de Clovis dans la basilique de saint Pierre de Paris qu'elle avait fondée. — D'après quelques auteurs, Clotilde vivait encore après la retraite de Radegonde, et serait morte non en 543, mais en 545. — Hist. de sainte Radeg. pag. 83.

Saint Remi apprit aussitôt sa mort, et fit part de cette triste nouvelle à son peuple, qui en fut comme lui profondément affligé. Il pleura son cher fils en Jésus-Christ, il n'en parlait qu'avec tendresse, et fit lui-même l'épitaphe qui devait être placée sur son tombeau. (Aimoin, liv. 1er, chap. 25.)

Clovis laissait quatre fils. Théodoric ou Thierry, l'aîné, était issu de la première femme du roi. Sainte Clotilde était mère de Clodomir, de Childebert et de Clotaire, les trois fils puinés de Clovis. — Clodomir, le plus âgé d'entre eux avait à peine accompli sa dix-septième année. Les quatre frères se divisèrent par portions à peu près égales le royaume des francs, et marièrent leur sœur unique à Amalaric, fils de Théodoric et roi goth d'Espagne. — Thierry, roi d'Austrasie, choisit Metz pour sa capitale ; Clodomir établit sa résidence à Orléans ; Paris devint celle de Childebert, Clotaire se fixa à Soissons.

Ces princes étaient remplis de vénération pour le saint patriarche. Thierry surtout se distinguait parmi ses frères par l'estime qu'il portait à saint Remi. Roi d'Austrasie, Reims entrait dans son partage. Souvent il quittait Metz pour y venir passer plusieurs mois. Dans ses doutes, dans ses peines (le trône des rois en est-il à l'abri ?), c'est à saint Remi qu'il recourait, et il s'en allait éclairé, consolé, exaucé. Je n'en donnerai que cette seule preuve. Le roi était à Metz. Soudain une de ses filles est attaquée d'une maladie violente qui la met aux portes du tombeau. Peu confiant dans les remèdes des médecins, Thierry, dans sa douleur, ne voit d'espérance de guérison que dans les prières du saint. Il députe vers lui un courrier qui le presse de venir. Le prélat, que des infirmités et un âge avancé empêchaient d'entreprendre une route si longue, envoie Thierry, son disciple, dont il presse le départ. Le solitaire obéit, et bientôt il est à Metz. Mais ce n'étaient au palais que plaintes et gémissements; la princesse n'était plus. Thierry, plein de confiance en la promesse de son saint évêque, espère contre toute espérance; il se met en prières, et la princesse est rendue à la vie et à l'amour de sa famille.

Le roi, touché de cette faveur signalée, donna au monastère de Thierry les terres de Gueux et de Germigny, en considération de l'archevêque Remi, *dont le disciple, aussi bien que le maître, avait reçu du Saint-Esprit la grâce de ressusciter les morts,* ainsi qu'il est spécifié dans l'acte de donation.

Vers l'an 514, saint Remi, en vertu du caractère de vicaire et de légat du saint-siége dont il était revêtu, assembla un concile, avec l'espoir de dissiper les restes de l'arianisme dans les Gaules. Un évêque arien, nouveau Goliath, insultait aux évêques rassemblés à ce concile : plein de lui-même, il défiait tous les Pères au combat, croyant sortir victorieux.

Sur ces entrefaites, arriva Remi, qui fut reçu comme l'ange de la Providence. Tous les Pères se levèrent, à l'exception de cet arien, qui, paraissant triomphant du silence respectueux des évêques, resta assis. Il fut bientôt puni de sa téméraire audace, car il perdit aussitôt l'usage de la parole.

Le saint prononça un discours admirable sur la

divinité de Jésus-Christ et sur le ministère de la sainte Trinité. Le philosophe arien se préparait à lui répondre ; en vain il essaya d'ouvrir la bouche. Interdit, confus, il ne put, malgré tous ses efforts, prononcer un seul mot. Alors il se jette aux pieds de Remi, et, fondant en larmes, il le supplie, par les gestes les plus humbles, d'avoir compassion de sa misère et de lui pardonner son crime.

« Au nom de Jésus-Christ, Fils du Dieu vivant, « lui dit le saint, si vous avez vraiment les senti- « ments qu'on doit avoir de sa divinité, parlez et « confessez hautement la doctrine que professe « l'Eglise catholique. »

La puissante voix de Remi, animée de l'esprit de Dieu, rendit à l'instant la parole à cet évêque, qui, d'arien, était devenu catholique. Il fit sa profession de foi, et y resta inviolablement attaché le reste de sa vie (1).

Remi jouissait ainsi du fruit de ses travaux et des consolations divines, quand le Seigneur lui fit sentir les effets de l'amour spécial qu'il porte à ses élus, en lui donnant part à son calice d'amertume.

A la recommandation de Clovis, il avait ordonné prêtre un ecclésiastique nommé Claude. Ce mal-

_____

(1)　　Un sainct Concile en France on assembla
　　　Pour soustenir saincte foi catholique ;
　　　Un hérétique, Arien, le troubla,
　　　Voulant ouvrer d'œuvre diabolique.
　　　Cet Arien contemple sainct Remi,
　　　Puis tout soubdain, perd de parler l'usage ;
　　　A deux genoux requiert de Dieu l'ami,
　　　Lui pardonner son méfait et outrage.
　　　　　　　　(7ᵉ Tapisserie de l'église de St-Remi.)

heureux tomba dans une faute grave. Le saint archevêque ne la jugea pas si énorme qu'elle ne méritât quelque indulgence ; il crut du moins qu'elle ne le rendait point indigne d'être réconcilié à l'Eglise par la pénitence. Quelques évêques de nouvelle date, poussés par un zèle trop amer, voulaient que Claude fût déposé. De là, lettres d'Héracle, évêque de Paris ; de Théodose d'Auxerre, de Léon de Sens, au saint archevêque, lettres conçues en termes peu charitables.

Remi, sensiblement affecté de ces outrages, répondit aux évêques :

« Aux seigneurs véritablement saints, et que je puis appeler mes bienheureux frères en Jésus-Christ, moi Remi, évêque.

» La charité ne périt pas, nous dit l'apôtre saint Paul dans son épître. Ce n'est pas elle qui vous a poussés à m'adresser les lettres que vous m'avez écrites. Je vous avais humblement priés en faveur de ce Claude, que vous ne qualifiez pas même du nom de prêtre, pour mieux faire sentir l'indignation que vous avez conçue contre moi. Il a commis une faute grave, je ne le nie pas ; mais si mon mérite ne me donnait nul droit à la moindre considération de votre part, il me semble que vous eussiez dû avoir quelques égards pour mon âge. Que Dieu me pardonne de le dire, mais il y a cinquante-trois ans que j'ai été élevé à l'apostolicat, et jamais personne ne m'a traité si indignement que vous l'avez fait.

» Vous dites qu'il eût mieux valu pour vous de n'être pas nés, que d'avoir été témoins d'une telle prévarication ; cela ne m'eût pas été peut-être moins avantageux, puisqu'un pareil reproche m'eût été épargné.

» Il est vrai, j'ai ordonné Claude prêtre, je l'ai fait non à prix d'argent, mais à la recommandation et sur le témoignage de cet incomparable monarque, que l'on doit regarder non-seulement comme le propagateur, mais encore comme le défenseur de la foi catholique.

» Ce qu'a fait ce prince est, dites-vous, contre les canons. Vous avez donc en main l'autorité du souverain-pontife, vous qui jugez si hardiment les ordres qu'a donnés le maître des peuples, le père de la patrie et le vainqueur des nations? Vous oubliez dans votre emportement ce que vous devez de condescendance à celui à qui vous êtes redevables de votre épiscopat.

Je vous avais priés de réconcilier à l'Eglise, par la pénitence, ce Claude coupable d'un sacrilège. Nous apprenons, en effet, dans les Ecritures, que la pénitence délivra les Ninivites des malheurs dont ils étaient menacés; nous y apprenons encore que Jean le Précurseur, annonçant que le royaume de de Dieu approchait, avertit les peuples de prévenir leur ruine par la pénitence. Enfin, n'y a-t-il pas dans l'Apocalypse un commandement exprès du Sauveur qui engage les anges des églises eux-mêmes à réformer par la pénitence ce qu'il y aurait de moins régulier dans l'administration de leur charge?

» A la violence des expressions qu'emploient vos saintetés, il semble que vous soyez insensibles à la commisération que l'on doit avoir pour ceux qui sont tombés. On vous croirait portés à ne pas désirer que l'on se repente et que l'on vive, lorsque le Seigneur lui-même a dit : « Je ne veux pas la mort du pécheur, mais plutôt qu'il se convertisse et qu'il vive. » Il me semble qu'il vaut mieux suivre la volonté de Dieu que de s'en écarter, car il nous a établis, non pour rebuter les hommes par des procédés rigoureux, mais pour les conduire avec douceur, et plutôt pour leur édification que pour faire peser sur eux les effets d'un zèle trop violent.

» Enfin, ajoutant à tous ces reproches les railleries les plus piquantes, vous me traitez de *jubilaire* (1), à cause de mon grand âge ; c'est ainsi que, ne gardant plus aucune mesure envers moi, vous me regardez comme indigne de pardon et de la moindre déférence. »

Cette réplique est forte, mais n'est-elle pas l'effet d'une juste indignation ? Elle porte l'empreinte d'une douleur profonde ; c'est le cri de l'innocence calomniée.

Il eut aussi dans ce temps à soutenir les droits de son siége contre Foulques, évêque de Tongres, qui, à son entrée dans son diocèse, n'avait pas craint d'exercer sa juridiction spirituelle et temporelle sur la ville de Mouzon, qui faisait de temps immémorial une portion considérable de l'église rémoise. L'injustice était évidente ; Remi s'y opposa fortement ; il écrivit à l'évêque, qui se désista de ses poursuites, en renonçant à ses droits prétendus sur le spirituel et sur le temporel de Mouzon, et

---

(1) Le brocard de ces évêques, dit Marlot, passa depuis comme un proverbe dans la bouche des villageois. (Liv. 5, ch. 22.)

en laissant la libre et paisible possession à l'église de Reims. (1)

L'idée de faiblesse qu'on attache ordinairement à la vieillesse donna lieu, sans doute, à ces insultes ; il eut encore à en éprouver une bien cruelle de la part de quelques-uns de ses diocésains.

La miséricorde semblait être née avec lui. Ayant su, comme autrefois Joseph dans l'Egypte, qu'une année de stérilité suivait une année d'abondance, il fit des amas extraordinaires de grains dans le temps de fertilité, pour subvenir plus tard à la misère de son peuple. Des villages entiers furent remplis de grain, un entre autres, Cernay-les-Reims, dont les habitants étaient naturellement portés au murmure et à la sédition. (2)

(1) Voici quelques fragments de la lettre sévère de saint Remi à Foulgues :

« Vous avez prouvé par vos actes, autant que j'ai pu le comprendre, que vous étiez plus pressé de m'adresser un outrage que l'expression de vos sentiments de simple convenance. Admirable manière d'entrer en fonctions ! c'est trop vite prendre l'essor, vos ailes sont encore trop jeunes... Vos droits vous sont inconnus, et vous commencez par usurper ceux d'autrui... Si vous ignorez les canons, il faut avouer que vous avez mis plus de hâte à les transgresser qu'à les apprendre... Parlerai-je de ces ordinations que vous n'aviez pas le droit de faire?... Quel est l'homme qui n'improuvera pas celui qui, préposé à leur garde, viole lui-même les règlements ecclésiastiques ? J'apprends que vous donnez ordre aux fermiers de Mouzon de vous payer des redevances, et de vous faire hommage du revenu de leurs terres. Une telle conduite prouve un zèle beaucoup plus ardent pour les biens de l'Eglise que pour l'Eglise elle-même... —

(2) Larisville tient que ce fut à Saulx-Saint-Remi que l'amas de blés se fit, d'autres à Cernay, comme Cheneau, etc.

D. Marlot pense que ce fut à Saulx, près de Rethel. — (Note des éditeurs de D. Marlot, liv. 5, ch. 22.)

Un jour, c'était un dimanche qu'ils avaient profané par leurs excès, au lieu de le sanctifier par la prière, ils se demandent, dans la chaleur du vin, pourquoi tant de monceaux de gerbes rassemblés par leur évêque. Passant bientôt de l'insolence à l'outrage : « Hé ! quel est le dessein de ce vieux » jubilaire ? prétend-il faire ici une ville, puisque » ce lieu est entouré de ces piles de gerbes comme » une ville l'est de ses tours et de ses fortifica- » tions ! » Aussitôt une pensée diabolique s'empare de ces insensés, et le feu consume tant de riches moissons.

Remi se trouvait dans une métairie voisine, à Bazancourt ; informé du désastre, il accourt à cheval pour empêcher, s'il le pouvait, que la perte fût universelle ; mais tout était la proie des flammes. A cette vue il ne témoigne aucune émotion ; il se remet tout entier à la volonté divine. On dit même qu'ayant froid, il s'approcha tranquillement du feu en disant : « Il ne nous en coûtera pas da- « vantage de nous chauffer (1). »

Au milieu de ces fâcheux événements et de beaucoup d'autres semblables, le saint prélat était

---

(1) Une campagne au fond de laquelle sont dressées des gerbes de blé ; des hommes occupés à mettre le feu à d'autres gerbes ; plus loin saint Remi descendu de cheval, regardant accourir vers lui plusieurs cavaliers dont il est séparé par des gerbes enflammées : enfin, plusieurs personnes frappées de terreur et prosternées la face contre terre, en implorant le Ciel, telles sont les scènes qui remplissent le haut de la septième tapisserie, et dont les deux quatrains suivants donnent l'explication :

La charité qui sainct Remi domine,
Fait rassembler en plusieurs lieulx les blés,
Pour obvier à prochaine famine,

calme; son grand cœur était à l'épreuve de ces coups. Il attendait avec patience le jour qui le réunirait à son Dieu. On l'entendait souvent s'écrier avec le prophète royal : « Mon âme ne peut » plus soutenir l'ardeur avec laquelle elle soupire » après la demeure du Seigneur (1). Mon âme languit à force d'attendre que vous la délivriez de » ses peines, ô mon Dieu... (2) »

Remi avait près de quatre-vingt-dix ans, et, dans un corps exténué, il avait toujours le même zèle de la maison de Dieu et du salut de son peuple. Ne pouvant plus annoncer la parole, il savait prier : il avait coutume de se rendre chaque soir, vers minuit, à l'église, afin d'y vaquer plus paisiblement à la méditation, à la faveur du silence. Un de ses clercs le suivit une fois sans être aperçu. Bientôt, à la lueur d'une lampe, il voit le vénérable prélat environné d'anges et récitant les matines avec eux. Ils en étaient aux leçons, lorsque saint Pierre et saint Paul parurent. On distinguait le prince des apôtres à la couronne qui était sur sa tête et à la longue robe blanche dont il était revêtu ; il avait la barbe et les cheveux gris. L'apôtre des Gentils se reconnaissait à sa longue barbe noire et à l'austérité de son port. L'un et l'autre s'étant approchés du bienheureux Remi, s'incli-

---

Ordonne et veut être ainsi assemblés.
Aucuns gourmands soulz et remplis de vin
Bruslent les bleds et font maux infinis,
Eux et les leurs par le vouloir divin,
Sont et seront par grévure punis.

(1) Psaume LXXXIII, 2.

(2) Psaume CXVIII, 81.

nèrent en lui adressant le *Jube, Domine, Benedicere*. Pierre lut la première leçon, puis il récita le répons qui suivait, ensemble avec le saint évêque. Paul fit de même pour la seconde ; les deux envoyés célestes s'inclinèrent ensuite de nouveau et se retirèrent. La troisième leçon fut alors récitée par l'apôtre des Gaules, qui, après avoir fini, s'agenouilla devant l'autel et reçut la bénédiction de Dieu.

Le jeune clerc avait vu toutes ces choses de ses yeux, les avait entendues de ses oreilles ; aussi, émerveillé d'un tel prodige, il ne pensait plus à sortir, lorsque Remi, l'ayant aperçu, lui défendit, comme Jésus-Christ sur le Thabor, de révéler ces merveilles avant sa mort (1).

Remi, malgré son grand âge, n'était point triste. Toujours affable, toujours gai, il inculquait à tous

---

(1) Hincmar, cité par M. P. Armand, *Hist. de S. Remi.* — Cette légende est ainsi racontée dans la huitième tapisserie : Saint Remi est représenté chantant matines devant l'image de la sainte Vierge avec saint Pierre et saint Paul. Saint Thierry, caché dans un coin, regarde cette scène. Plus loin, saint Remi, à genoux, demande à Dieu sa bénédiction :

> Saints Pierre et Paul d'admirable façon,
> Viennent des cieux sous terrestres courtines,
> Et chacun dict une leçon,
> Puis saint Remi parachève matines.
> Voyant qu'ils sont remontés aux lieulx saincts,
> Demande à Dieu la bénédiction.
> Saint Thierry, homme dévotieulx,
> Se musse et cache en contemplation.

Saint Remi dit à Thierry, son disciple, qui est debout sur le seuil de la porte, tenant à la main son couvre-chef:

> Puisque vous avez vu ce haut mystère,
> Je vous supplie de le taire.

ceux qui l'approchaient l'amour de toutes les
vertus. La pureté, qu'il avait aimée toute sa vie,
et que jamais un souffle impur n'avait ternie dans
son cœur, était sa vertu de prédilection. Jamais il
n'était plus éloquent que lorsqu'il en parlait. « Si
» le désir de plaire à Dieu, disait-il souvent aux
» personnes du monde, vous fait aimer celle qui
» vous est unie par les liens sacrés du mariage,
» vous ne remarquerez point en elle de défauts qui
» puissent diminuer la tendresse que vous lui
» devez ; et la trouvant très parfaite à vos yeux, il
» ne vous viendra point en pensée de croire que la
» femme de votre prochain soit plus belle et plus
» agréable que la vôtre. »

Quelques auteurs attribuent à notre bienheureux
le commencement de cette auguste basilique consacrée à Dieu dans sa ville métropolitaine, sous l'invocation de la sainte Vierge. Cette assertion n'est
pas fondée ; il est universellement reconnu qu'on
la doit à la piété et à la magnificence de quelques
autres archevêques, ses successeurs (1).

Quoi qu'il en soit, saint Remi n'eut rien de plus

(1) On doit la cathédrale actuelle à l'archevêque Albéric, qui en
jeta les fondements en 1210. On n'y célébra les saints mystères que
trente ans après. Son portail, chef-d'œuvre d'architecture gothique,
par sa masse imposante, majestueuse, présentant une multitude de
détails et d'ornements, fait l'admiration de tous les visiteurs. Au
IX⁰ siècle, Ebbon et Hincmar avaient construit une célèbre cathédrale, qui devint la proie des flammes au commencement du
XIII⁰ siècle. Elle était grande, décorée au dedans de dorures et de
riches ornements ; au dehors, elle elle était flanquée de tours, de
tourelles, de créneaux, et ressemblait à une forteresse. L'archevêque Adalbéron l'avait décorée de vitraux historiés : *quam (ec-
clesiam) fenestris diversas continentibus historias dilucidatam.*
.... (Richer moine de Saint-Remi, écrivant au x⁰ siècle, lib. 3.)

à cœur que de faire rendre dans son église un culte proportionné à la sainteté du souverain maître qui y est adoré.

Il excitait, par tous les moyens qui étaient en son pouvoir, la dévotion des fidèles. La pompe des cérémonies extérieures, l'éclat des solennités, la richesse des ornements et des vases sacrés, tout imposait aux regards, tout portait à la piété et au respect envers le Très-Haut.

CHAPITRE VIII

530-532

Dernières années de la vie de saint Remi. — Sòn testament. — Sa bienheureuse mort.

Saint Remi sentant approcher sa fin, écrivit ses dernières volontés. Son testament est célèbre dans l'histoire ecclésiastique (1) ; il a toujours été regardé comme un monument précieux de l'église de France. Flodoard est le premier qui nous l'ait transmis en entier. Le pape Sylvestre II, si connu sous le nom de Gerbert, écrivant après son exaltation à Arnoul, sonsuccesseur sur le siége de Reims, lui recommandait *d'avoir bien soin de ne laisser donner aucune atteinte au testament de saint Remi, apôtre des Francs* (2). Les églises de Reims, de Laon, d'Arras et de Châlons, jouissaient encore sur la fin du dernier siècle d'une partie des biens que leur avait légués le saint archevêque (3).

(1) Le testament de saint Remi a été jugé authentique par le président Brisson, D. Mabillon, Du Cange, D. Ceillier, J.-J. Chifflet.

Il faut se garder de dire avec M. Guizot que ce testament est évidemment supposé ; seulement il peut ne pas être exempt d'altérations.

(2) Salvo et inviolabili testamento B. Remigii, Francorum apostoli. — (Marlot.)

(3) *Actes de la prov. ecclés. de Reims,* t. I. — Il existe deux versions de ce testament, l'une par Flodoard, et l'autre par Hincmar.

Saint Remi dicta son testament en présence de saint Médard, de saint Génebaud, de saint Vaast et d'autres éveques (1), et lorsqu'il eut disposé en bon et fidèle économe des biens que la Providence lui avait départis avec largesse, il ne s'occupa plus que de son éternité. Dieu lui fit connaître que le jour de sa mort approchait ; il était impatient de posséder le maître qu'il avait toujours aimé : « Quand, Seigneur, répétait-il souvent, irai-je au devant de vous ? Il n'y a que vous, ô mon Dieu, qui puissiez remplir la capacité de mon cœur et le rassasier (2). »

Mais le Seigneur, qui voulait purifier de plus en plus l'or dans la fournaise, priva de la vue son serviteur. Le bienheureux patriarche ne laissa pas

---

Celle d'Hincmar, moins étendue, est plus genéralement acceptée par le monde savant. La seconde, plus prolixe, est presque universellement suspecte. La saine critique y reconnaîtra facilement des interpolations. — Néanmoins, nous donnons en *appendice* la version de Flodoard comme étant la plus complète.

  (1)   Sainct Remy fait devant plusieurs prélats
        Son testament : perdue avoit la vue.
        Par patience il recouvre soulas.
        Et de santé sa personne est pourvue.

Dans un autre tableau de la huitième tapisserie de l'église de Saint-Remi, on voit le saint archevêque donner la communion à ses clercs. Dans le dernier il est sur son lit de mort. La légende est ainsi conçue :

        La messe il dict, puis à ses clercs il donne
        Le corps de Dieu par une humble demande ;
        De cœur dévot à la mort il s'ordonne
        Et son esprit au seul Dieu recommande.

Quatre anges sont là qui transportent au ciel l'âme du saint archevêque. — C'est la religion dans sa plus sublime poésie !

(2) Psaume xiv, 2, 17.

son âme aller au découragement ; il rendait grâces à Dieu de cette nouvelle affliction, chantant des hymnes au Seigneur, et excitant tous ceux qui l'approchaient à le bénir de la miséricorde qu'il lui faisait.

Mais Dieu, qui l'avait affligé comme Tobie, lui rendit aussi la vue comme à ce saint homme. Remi en remercia l'auteur de tout don, et ne cessa plus d'offrir le sacrifice auguste de nos autels.

Enfin arriva le grand jour qu'il avait tant de fois appelé de ses vœux et de ses soupirs ; il le salua avec bonheur. Il demanda et reçut avec la foi la plus vive et la piété la plus affectueuse les sacrements de l'Eglise. Rien de plus imposant que les derniers moments de ce grand saint. Toutes les personnes de sa maison, ses prêtres, les magistrats de sa chère ville de Reims fondaient en larmes à la vue de leur maître qui allait les quitter ! Le saint vieillard se recommanda à leurs prières, fit à Dieu le sacrifice de sa vie, et lorsque, de sa main défaillante, il eut béni la pieuse assemblée, sa belle âme s'envola dans le sein de son créateur, le 13 janvier 532. (*Idibus januarii*, *transitus B. Remigii episcopi et confessoris*). *Martyrol. Remense* (1)

(1) On n'est pas d'accord sur la mort de Saint Remi. Sigebert veut que ce soit en 545 ; Baronius la place en 541. Mais Grégoire de Tours donne plus de 70 ans d'épiscopat à saint Remi ; *Remigius vero Rhemensis urbis episcopus (anno 533), qui, ut ferunt, septuaginta aut eo amplius in episcopatu annos explevit....* *Greg. Tnron. de gloria confess.* (Cap. 79.) Hincmar dit qu'il fut fait évêque à l'âge de vingt-deux ans, qu'il occupa son siége soixante-quatorze, que sa vie fut de quatre-vingt-seize ans. On admet ces différents degrés établis par Hincmar, mais la présence

Il était âgé de 96 ans, et avait gouverné l'église de Reims pendant 74.

de Flavius, successeur non immédiat de saint Remi, au concile d Auvergne, tenu en 535, oblige de faire remonter cette mort à un temps antérieur, et l'on trouve comme étant la plus probable, l'année 532.

CHAPITRE IX

Quelque grande que fût l'affliction de tout le troupeau à la nouvelle de la perte de son pasteur, la persuasion où il était du bonheur dont il jouissait dans le ciel et de son crédit auprès de Dieu, la tempéra et devint même une source de douce consolation.

On ne songea plus qu'à rendre à sa dépouille mortelle les derniers devoirs. L'église des martyrs Apollinaire et Timothée, qu'il avait lui-même choisie pour le lieu de sa sépulture, était préparée pour le recevoir. Le cortége funèbre s'avançait dans cette direction, lorsque tout à coup le cercueil devint si lourd, qu'on ne pût parvenir à le soulever. Les évèques, frappés d'étonnement, supplient le Seigneur de leur inspirer en quel endroit il faut déposer le corps du saint. On propose l'église de Saint-Nicaise : on ne peut soulever la bière ; celle de Saint-Sixte et de Saint-Sinice : même résistance ; on se rappelle enfin qu'il existe une petite chapelle dédiée à saint Christophe (1), la-

_____

(1) Saint Christophe fut martyrisé en Lycie, vers l'an 250, pendant la persécution de Décius. Au moyen-âge, on le représentait

5

quelle ne renferme aucunes saintes reliques. Le
corps est aussitôt levé avec une facilité incroyable :
il devient même si léger, que ceux qui le portent
se sentent plutôt soutenus que chargés. On reconnut clairement alors, dans ce prodige, une ma-
nifestation de la volonté divine (1). Le corps fut
déposé dans la chapelle de Saint-Christophe, où il
fut enterré avec les cérémonies dont l'église honore
les funérailles de ses enfants.

d'une taille gigantesque, portant l'enfant Jésus sur ses épaules. Ce
ne sont là que des allégories faisant allusion au nom de Christophe (*Porte-Christ*), et à la mer de tribulations par laquelle doit
passer le chrétien pour arriver au ciel. On croyait aussi ne devoir
pas mourir subitement, dès que l'on avait vu la figure de saint
Christophe : c'est ce qui explique encore ces statues colossales
sous lesquelles on le représentait afin qu'il fut remarqué plus facilement.

(1) Saint Ouën, dans la vie de saint Eloi, rapporte qu'il arriva
un miracle semblable, lors de la sépulture du saint évêque de
Noyon (2ᵉ livre, chapitre 36). — Des chrétiens d'Orient avaient
enlevé de Rome les corps des saints apôtres Pierre et Paul, lorsqu'ils furent, à deux milles de la ville, empêchés, par la puissance
de Dieu d'aller plus loin (S. Grég., lettre 30). — Le corps de
saint Jean Chrysostôme se raidit aussi, comme s'il eût été vivant,
jusqu'à ce que l'on eût reçu les lettres que lui écrivait l'empereur
Théodose. On les posa sur sa poitrine, et aussitôt le corps devint
très-léger, et fut porté facilement au lieu de sa sépulture. (Nicé-
phore, lib. 14., ch. 43.)

> Tout le clergé par bon accord
> Conclut avec l'aide de Dieu,
> Seroit enterré le sainct corps
> En l'Eglise saint Timothée.
> Le cercueil ne purent porter
> Audit lieu ni en autre part ;
> Prient Dieu les réconforter
> Et que de là fassent départ.
>
> (Neuvième tapisserie.)

Dieu ne tarda pas à glorifier són serviteur par d'éclatants miracles qui firent entourer son tombeau d'actions de grâces et de prières. Un des plus célèbres est celui que rapporte Grégoire de Tours (1).

Une peste furieuse, après avoir ravagé une partie de l'Allemagne, vint s'abattre sur la ville de Reims (Baronius, 565). (Gregoire de Tours ou D. Ruinard, 546).

(1) Sed nec illud silere placuit quod illo gestum est tempore, cùm lues inguinaria populum primæ Germaniæ devastaret (anno 546). Cum autem omnes terrerentur hujus cladis auditu, concurrit Rhemensium populus ad sancti sepulcrum, congruum hujus causæ flagitare remedium. Accensis cereis lychnisque non paucis, hymnis psalmisque cœlestibus per totam excubat noctem. Manè autem facto quid adhuc precatui desit in tractatu rimatur. Reperiunt etenim, revelante Deo, qualiter oratione prœmissà adhuc majori propugnaculo urbis propugnacula munirentur. Assumpta igitur pallà de Beati sepulcro, componunt in modum feretri; accensis que super cruces cereis, — (Ex hoc infertur quod olim in publicis processionibus cereos accensos ipsis crucibus affixos fuisse, id que Menardus a sancto Joanne Chrysostomo institutum fuisse probat ex Socrate et Sozomeno. — D. Ruinart, *in notis*.) — atque ceroferalibus, dant voces in canticis, circumeunt urbem cum vicis. Nec prætereunt ullum hospitium, quod non hac circuitione concludant. Quid plura? Non post multos dies fines hujus civitatis lues aggreditur memorata. Verumtamen usque ad eum locum accedens, quo Beati pignus accessit, ac si constitutum cerneret terminum, intro ingredi non modo non est ausa, sed etiam quæ in principio pervaserat, hujus virtutis repulsu reliquit. — (*Greg. Tur. de Gloria confessorum*, cap. 79.)

On retrouve la plus grande partie du chapitre 79 (de la gl. des conf.), dans Flodoard, liv. 1, ch. 19 et 20. Grég. de Tours a raconté plusieurs circonstances de la vie de saint Remi, dans son Hist. des Francs, surtout au chapitre 31, du second livre. Hincmar, successeur de saint Remi au ixᵉ siècle, a écrit la vie de ce grand apôtre. On la trouve dans Surius.

A l'endroit où le cercueil de saint Remi se trouva appesanti, se firent depuis quantité de miracles que la dévotion du peuple a rendus célèbres par l'érection d'une croix qui portait anciennement sur son piédestal l'inscription suivante, composée par Adoald :

Cum transisset ex hoc mundo ad cœlestem patriam
Prœsul magnus, Beatus Remigius.
Hùc a plebe sanctâ dignè delatus est corpore,
In ecclesiâ condendus Timothei martyris.
Tunc hoc loco moram fecit, nec moveri potuit,
Donec quo locandus esset, revelavit Dominus :
Ubi nunc favente Christo, prœpollet virtutibus,
Prœstam hic Deo devotis apta beneficia,
Cœcis visum, claudis gressum, et œgris remedium.
Igitur profusis votis, exoremus Dominum,
Veniam ut delictorum piis ejus precibus
Mereamur adipisci, et cœlorum grandia.
Sancte Remigi, confessor pretiose Domini,
Adeloldi quoque tui miserere famuli.

L'Allemagne n'était qu'un cimetière; Trèves pensa être déserte avec les villes de Worms et de Strasbourg.

La mort se hâtait de moissonner ses victimes, et répandait partout la désolation et le deuil. Dans leur douleur, les habitants de Reims recourent à leur refuge accoutumé; ils implorent avec larmes la miséricorde du Seigneur, le priant de leur pardonner, en vertu des mérites de leur saint protecteur ; ils portent en triomphe ses reliques autour des murs de la ville (1). Aussitôt Dieu s'apaise; il

(1)   La peste vint de Reims pour chasser
Les corps humains; n'épargne laid ni beau.

recommande à l'ange exterminateur de déposer son glaive ; l'air se purifie, la contagion cesse, et le peuple de Reims, touché, attendri, éclate en actions de grâces.

Le bruit de ce miracle et de beaucoup d'autres ne tarda pas à amener de tous les points de la France, au tombeau du saint, une multitude de fidèles qui venaient y accomplir leurs vœux et implorer sa puissante intercession.

Basle, gentilhomme distingué, y accourut du fond de l'Aquitaine, pour s'y sanctifier. Il mourut le 26 octobre de l'année 620, après avoir été pendant quarante ans comme un flambeau qui éclairait le pays par les rayons de sa sainteté. Il fut inhumé sur la montagne de Verzy. Plus tard, le ciel révélant ses mérites par une infinité de prodiges, l'archevêque Hincmar le leva de terre (qui était l'ancienne façon de canoniser les saints) pour le mettre en un lieu plus honorable.

D. M. liv. 6, ch. 11.

On célèbre sa fête le 25 novembre.

Salaberge, princesse du sang royal, dut aux mérites de saint Remi la grâce de sa vocation à l'état monastique.

Bientôt le nombre de pèlerins qui affluaient à son tombeau fut si considérable, que la petite cha-

> Les citoyens pour icelle chasser
> Portent le drap pris dedans son tombeau.
>
> (Neuvième tapisserie.)

Ils prennent le drap nommé *palla* qui couvrait son sépulcre, et il arriva que cet espace de terre demeura exempt de la peste, et quoique les oiseaux mourussent à trois pas de là... — (D. Marlot, liv. 6, ch. 8.)

pelle de Saint-Christophe fut insuffisante pour les contenir. Ce fut alors que l'on bâtit près de cet emplacement une église plus vaste, dédiée en l'honneur du saint, car on ne doutait pas qu'il ne méritât ce titre. La voix du peuple, jointe au consentement des évêques qui approuvaient par leurs paroles et par leur exemple les honneurs que la piété des fidèles rendait à sa mémoire, cette voix, dis-je, l'ayant *canonisé* selon l'usage de ces temps, l'église fut consacrée à Dieu sous le vocable de Saint-Remi (1).

On prépara dans cette église une chapelle souterraine, une *crypte* (2), pour y conserver le corps du saint, et l'exposer à la vénération des peuples. La cérémonie fut indiquée pour le premier octobre 566. Dès la veille, on s'était rendu dans l'ancienne chapelle, et on s'était disposé par des prières et des cantiques. Des gardes furent placés près du tombeau ; mais accablés par le sommeil, ils s'endormirent. Quel ne fut pas leur étonnement à leur réveil de trouver le corps placé dans la grotte préparée à le recevoir : il y avait été transporté par

_____

(1) Canonizatio olim per elevationem corporis defuncti a terrâ flebat, super quod altare erigebatur. Undè magnum sanctitatis indicium erat, si miraculo alicujus sepulcrum à terrâ absque hominum ministerio elevabatur. — (D. Ruinart. in notis super *lib. de Gloria confess. B. Gregorii Turon.* cap. 52, *de sepulcris quœ elevantur.*)

(2) Durant les persécutions, les premiers chrétiens se retiraient dans des grottes souterraines. On les appelait *cryptæ.* Après leur mort, on renfermait leurs corps dans ces mêmes grottes, et on avait pour ces saints lieux une vénération profonde. Dans la suite, on étendit le terme de cryptes à ces chapelles souterraines où les fidèles se retiraient pour vaquer à la prière.

des anges comme autorisait à le penser l'odeur suave qui remplissait l'église (1), comme autrefois le corps de sainte Catherine, sur la montagne de Sinaï.

On fut encore bien plus agréablement surpris quand, le tombeau ayant été ouvert, on trouva le corps parfaitement conservé. Après soixante ans, il n'avait reçu aucune atteinte de corruption. A cette vue, les fidèles, qui s'étaient bien promis d'emporter quelques reliques, se contentèrent de couper quelques cheveux et une petite partie de la chasuble et de la tunique dont le saint était revêtu.

« Cette première translation est la plus ancienne et la plus célèbre dans l'Eglise, puisque du temps même de Grégoire de Tours, qui est mort dans le même siècle que saint Remi, on en faisait déjà la fête au premier octobre (2). »

Les grâces dont on était redevable à saint Remi

---

(1) Dans la dixième tapisserie de l'église de Saint-Remi, on n'a point oublié de raconter aux yeux cette pieuse tradition. Deux anges chargés du cercueil qu'ils viennent de lever du tombeau, dont la pierre est ôtée, se dirigent vers le lieu où il doit être déposé ·

> Anges par divin bénéfice
> Et comme Dieu voulut permettre,
> De translation font l'office
> Et mettent le corps où faut mettre.

(1) Baillet, *Vie de saint Remi*. — On prit une partie des cheveux du saint avec quelques morceaux de sa chasuble ; et le corps entier, quoique un peu desséché, fut enveloppé en un drap de samy vermeil, l'église ayant coutume de mettre les reliques des saints en ces sortes de draps de soie, nommés *brandea*, ainsi que saint Grégoire remarque en l'une de ses épîtres. (Lib. 3, ép. 30. — D. Marlot, liv. 6, ch. 17.)

contribuèrent beaucoup à l'agrandissement de l'abbaye qu'il avait fondée, et qui devint dès-lors si célèbre dans le monde chrétien. Tous ceux qui avaient ressenti les effets de sa puissante intercession, témoignaient à Dieu leur reconnaissance par les dons qu'ils faisaient à cette abbaye.

Les rois eux-mêmes qui, sur la fin de la première race, dégénérèrent si fort de la vertu du grand Clovis, l'enrichirent plus d'une fois, et conservèrent toujours une vénération profonde pour l'apôtre de la France.

Ce respect passa aux rois de la seconde race. Charlemagne fut zélé pour son culte, et obtint que sa fête se célébrerait dans tout le royaume, ce qui fut ordonné dans le concile de Mayence en l'année 813.

Louis-le-Débonnaire, Louis-le-Germanique, Charles-le-Chauve, Louis-d'Outre-Mer et Lothaire suivirent de si nobles exemples (1).

Mais il n'en est pas qui ait plus contribué à augmenter le culte de notre saint que l'archevêque Hincmar, qui a illustré le siége de Reims (852). A

(1) « Charlemagne, en un priviIége de l'an 812, donne par deux fois le tistre d'apôtre des Français à nostre saint prélat. Louis le Débonnaire le nomme son spécial patron et protecteur. — Charles. le Chauve lui donne un pareil titre. — En quoi il est imité par Charles le Simple, par Louis d'Outre-Mer et par Lothaire. Celui-ci ajoute le nom de duc de la nation française. — Philippe Ier déclare, en un priviIége de 1090, qu'encore qu'il soit obligé de prendre la protection de toutes les églises du royaume, celle de. saint Remi lui est d'autant plus recommandable, qu'il a été prédestiné apôtre des Français. — Et Louis VII conjure ceux qui lui succéderont au royaume, de le reconnaître pour leur tutélaire... » — (D. Marlot, ch. 25. liv. 5.

peine avait-il achevé les bâtiments de sa belle cathédrale, qu'il donna tous ses soins au rétablissement et à l'agrandissement de l'église de Saint-
Remi, et à l'érection d'un nouveau tombeau plus
magnifique. Il fit embellir la face du sépulcre de
pur or et de pierres précieuses et sur une extrémité
du tombeau, il fit écrire un distique cité par Prior,
Armand, page 311.

Une chàsse d'argent remplaça celle de bois. Le
saint corps y fut placé, dans une seconde translation qui fut faite en présence de tous les évêques
de la métropole, qu'il avait convoqués. Hincmar
eut la consolation de trouver le corps en entier et
sans corruption, exhalant une odeur céleste ; il
était encore couvert du suaire dont on l'avait enveloppé à la première translation.

Cependant les Normands, peuple cruel, ne se
lassaient pas de désoler la France (1). La Champagne elle-même n'échappa point à leurs violences
ni à leurs cruelles dévastations. Hincmar appré-
hendant qu'ils ne pénétrassent jusqu'à Reims, et
qu'ils ne vinssent à piller le tombeau du saint,

_____

(1) Sous le règne théocratique de Charles le Chauve, ou plutôt
d'Hincmar le Grand, archevêque de Reims, les Normands, ces rois
de la mer, chassés par la faim de leurs retraites sauvages, après
avoir laissé leurs barques sur la Meuse, ravagèrent la province,
suivis d'une bande de 300 loups qui prenait avec eux possession
des villes conquises. Longtemps (*persécutés*) par les défenseurs
du christianisme, les pirates du Nord étaient devenus persécuteurs.
Dès que le *cor des tonnerres* retentissait (*tubam eburneam,
tonitruum muncupatam*, D. Morice), dans la plaine, les habitants
se réfugiaient à l'ombre des autels, chassant leurs troupeaux
dans l'enceinte des abbayes. Mais les reliques des saints n'arrêtaient pas les barbares. La soif du pillage et de la vengeance leur
montrait le chemin des forteresses monastiques.

qu'il regardait à juste titre comme un trésor plus précieux *que l'or et le topaze* (1), fit transporter sa châsse à Epernay, ville moins exposée que toute autre, par l'avantage de sa situation, à leurs incursions. Il accompagna lui-même les saintes reliques, et mourut peu de temps après, le 10 des calendes de janvier, l'an 882, la 37ᵉ année de son pontificat.

Après sa mort, l'appréhension que l'on eut que les barbares ne poussassent jusqu'à Epernay, fit transporter à l'abbaye d'Orbais (2) le corps de saint Remi. Il y resta jusqu'à l'avénement de Foulques, successeur d'Hincmar, en 883. Ce prélat s'empressa de faire rentrer ce trésor dans sa ville archiépiscopale, récemment entourée d'une ceinture de murailles. Il se rendit à Orbais, pour chercher le précieux dépôt. Une grande partie de son clergé l'accompagnait. Jamais triomphe ne fut semblable à cette sainte marche, où le ciel et la terre concou-

---

(1) Hincmar, *Epist. ad Adon, Viennens. episc.*

(2) En 677 ou 680, sous le règne de Thierry, et avec l'agrément du fameux Ebroïn, maire du palais, saint Réole avait fondé l'abbaye d'Orbais, située sur les confins de la Champagne et de la Brie, l'avait dotée généreusement et l'avait consacrée sous l'invocation des saints apôtres Pierre et Paul. Thierry, de son côté, remit à l'abbaye les vastes domaines qu'il possédait en ces lieux, ce qui a toujours fait considérer ce monastère comme une fondation royale. On y suivait la règle de saint Benoît et de saint Colomban. En 936, les Hongrois et les Normands pillèrent le monastère et le détruisirent presque entièrement. En 1560, les réformés brisèrent les châsses, foulèrent aux pieds les saintes reliques qu'il renfermait. Enfin, l'abbaye d'Orbais fut supprimée par un décret de l'Assemblée nationale, le 3 avril 1791. (Extrait d'une *Notice sur l'abbaye d'Orbais*, par M. Musard, chanoine de Châlons.)

rurent, comme de concert, à la gloire de l'apôtre.
Toutes les populations, échelonnées en quelque
sorte sur son passage, étaient accourues pour jouir
d'un si beau et si touchant spectacle. L'air retentissait de leurs vives acclamations mêlées aux cantiques des prêtres. Chacun s'empressait de voir la
châsse et de la toucher. On regardait comme un
malheur, dit un auteur contemporain (1), d'être
des derniers à marquer sa tendresse et la confiance
qu'on avait au saint ; ceux qui étaient plus éloi-
gnés tendaient leurs mains vers la châsse, et,
poussant des cris de joie, excitaient en ceux qui
qui étaient au dernier rang le même empressement
de la voir et de la toucher.

Dieu est admirable dans ses saints. Il le prouva
dans cette marche triomphale de son serviteur par
les miracles innombrables qui s'y opérèrent. On
distinguait moins, dit le même auteur, la longueur
du chemin par les pauses qu'on était obligé de
faire, que par le nombre des guérisons miracu-
leuses, dont il y avait autant de témoins que de
spectateurs. Plus de douze aveugles recouvrèrent
la vue.

La châsse fut déposée d'abord dans l'abbaye de
Saint-Remi, puis le lendemain conduite à la ca-
cathédrale, où elle resta durant tout le pontificat
de Foulgues.

Hervée, son successeur, voyant la plus parfaite
tranquillité régner dans la Champagne par la retraite des Normands, la reconduisit à l'abbaye.
Cette cérémonie fut très auguste. Le roi Charles III,

_____

(1) Cité par le P. J. Dorigny. *Hist. de S. Remi*, liv. IV.

qui se trouvait à Reims, y assista avec beaucoup
de dévotion, accompagné de Richard, duc de
Bourgogne, et des principaux membres de la
cour.

La châsse, placée par Hervée dans le tombeau
de marbre qu'avait construit Hincmar, y demeura
jusqu'en 1568. Plusieurs rois, princes et prélats
furent enterrés près de ces saintes reliques, privilége insigne qu'ils avaient vivement ambitionné
pendant leur vie (1).

(1) L'église de Saint-Remi pouvait, avant la révolution, être
regardée à cause de ses tombeaux comme un véritable panthéon
chrétien.

Parmi les rois et princes qui y avaient choisi leur sépulture,
nous citerons Carloman, roi de Soissons, frère de Charlemagne,
la reine Frédéronne, femme de Charles-le-Simple; Louis IV,
d'Outre-Mer; Lothaire, fils du précédent; Gerberge, sa mère;
Renaud, comte de Roucy; la princesse Agnès; Boson, frère du
roi Raoul.

Parmi les archevêques : Sonnace; Landon; saint Nivard et
saint Réol; Tilpin, prélat d'un rare mérite; Hincmar, l'illustre
biographe de saint Remi; Foulques; Guy de Châtillon, mort en
1055; Robert de Lenoncourt; les abbés Airard et Hérimar, dont
nous parlerons au chapitre suivant.

CHAPITRE X

On se souvient de l'an mil. La croyance universelle, à cette époque, était que la fin du monde approchait. Toutes les populations étaient muettes et consternées, dans l'attente de ce grand événement. La terre ne respirait plus, comme un coupable dans l'attente de la sentence qui va sortir de la bouche du juge.

Enfin la dernière heure des mille années révolues depuis la naissance du Christ sonna !... et la terrible trompette de l'archange du dernier jugement ne s'y mêla point, et le premier soleil de l'an mil un se leva comme à l'ordinaire. L'heure suprême n'était pas venue.

Dans la joie que ressentirent les chrétiens d'alors, il y eut un vif sentiment de gratitude. La génération se leva subitement comme échappée tout entière à la destruction, et dans un mouvement d'actions de grâces, on la vit se précipiter dans les sanctuaires et embrasser les autels : Ce sentiment religieux porta ses fruits. On vit s'élever en foule des édifices consacrés au service de Dieu ; c'était à qui se surpasserait dans cette lutte pieuse, et, pour me servir de l'image singulière d'un témoin oculaire, Glaber Radulphe, on eût dit que le monde, en s'agitant, eût rejeté ses vieux vêtements, pour se couvrir d'un blanc manteau d'églises (1).

Saint Remi eût aussi sa nouvelle église. La première, bâtie par Hincmar, tombait en ruines. L'abbé Airard, de Reims, jeta en 1005 les fondements d'un plus bel et plus vaste édifice (2). Il ne fut terminé qu'en 1049, par les soins de l'abbé Hérimar (3), qui mourut comblé de mérites et de gloire le 7 septembre 1071.

Afin de rendre cette nouvelle basilique plus célèbre, il engagea le pape Léon IX à en faire la consécration. Celui-ci lui donna sa promesse.

Il arriva à Reims le jour de Saint-Michel, accomcompagné des archevêques de Trèves, de Lyon, de Besançon ; de Jean, évêque de Porto, et de Pierre, diacre et préfet de Rome.

---

(1) Erat enim ut sic mundus excutiendo semel, rejecta vetustate, passim candidam ecclesiarum vestem induerit.

(2) Il mourut en 1034, sans avoir pu y mettre la dernière main.

(3) « L'église de Saint-Remi, dit M. Lacatte-Joltrois dans ses *Essais historiques*, est une de ces basiliques du moyen-âge qui parlent au cœur, élèvent l'âme vers le ciel, et publient la grandeur de Dieu.... On porte avec admiration ses regards sur cette voûte si spacieuse qui semble prête à s'affaisser sur les spectateurs. L'œil suit avec étonnement ces faisceaux de colonnes, qui, partant des dalles de l'église, vont se perdre dans les voûtes dont elles soutiennent la masse imposante. A la vue du rond-point, l'âme du chrétien s'agrandit.

« Le fidèle entrant dans cette basilique, voit Clovis baptisé par les mains de saint Remi, un concile tenu par Léon IX ; il voit les rois agenouillés devant le tombeau du saint apôtre de la France, et quelques-unes de leurs ombres lui apparaissent cachées sous les pierres du sanctuaire.

Il fut reçu par les religieux de l'abbaye de Saint-Remi, ayant à leur tête les évêques de Langres, de Senlis et de Nevers.

L'abbaye n'était pas alors enfermée dans l'enceinte des murs de la ville. Après avoir rendu ses vœux au saint, il entra à Reims. L'archevêque Guy de Châtillon l'attendait avec son clergé à la porte de la ville. Le pape fut conduit à la cathédrale, où il célébra les saints mystères ; puis il retourna à l'abbaye.

Le surlendemain, la châsse fut tirée du tombeau : le Saint-Père la chargea lui-même sur ses épaules, aidé de quatre archevêques, et pleurant de joie, la porta jusqu'à l'endroit destiné à la recevoir.

Peu après commença la translation. La procession se mit en marche et se dirigea lentement vers la cathédrale. Tout l'espace qui la séparait de l'abbaye (environ un kilomètre) était rempli d'une foule immense. On eût dit un champ couvert d'une riche moisson dont les épis serrés se courbent agités par le souffle des vents.

La châsse fut déposée à la cathédrale, où elle

« L'artiste reconnaît dans cette église tous les genres d'architecture : le romano-bysantin, l'ogival de transition, le flamboyant, précurseur de la renaissance, et le style grec. C'est en quelque sorte une école monumentale dans un seul édifice.

« Mais qui rendra à cette église les chefs-d'œuvre qui lui donnaient tant d'éclat ? Qui lui rendra le magnifique tombeau et la châsse de son saint patron ? Qui lui rendra cette belle couronne ornée de 96 cierges, son beau candelabre à sept branches qui décorait le sanctuaire ? Qui lui rendra son précieux pavé de mosaïque, ses riches ornements, son trésor et les joyaux qui y étaient conservés... » (*Essais historiques sur l'église de Saint-Remi de Reims*, introd., 1 à 8, *passim*.)

resta exposée tout le jour et toute la nuit à la vénération des fidèles.

Le lendemain, 2 octobre, le Saint-Père fit la consécration de la nouvelle basilique de Saint-Remi. Lorsque les reliques y furent entrées, il célébra les saints mystères. Après l'Évangile, il fit un discours touchant sur la cérémonie, et déclara hautement que dans la suite on célébrerait la fête de saint Remi dans tout le royaume.

« Le peuple de France, dit-il, ne peut moins faire que de rendre cet honneur à ce saint apôtre, puisque le Ciel s'est servi de son ministère pour l'appeler à la connaissance du vrai Dieu. » (1)

A la fin de la messe, il donna sa bénédiction apostolique ; puis il ordonna à tous les évêques, à tous les abbés convoqués au concile, de se réunir le lendemain.

On y compta vingt évêques et cinquante abbés. On y dressa douze canons contre la simonie, les

---

(1) On se relâcha encore depuis de cette obligation, et la fête se négligea de telle sorte dans les derniers siècles, que la province de Reims s'en plaignit à l'assemblée générale du clergé de France de l'année 1657. Sur la remontrance qu'en fit l'évêque de Châlons, et sur une requête du chapitre de Reims, présentée par le vidame de l'église, les prélats de l'assemblée écrivirent à tous les évêques de France pour faire en sorte que la solennité de la fête de saint Remi fût rétablie par tous les diocèses de France au 1er octobre, et que l'office en fût au moins célébré par le clergé du royaume en la même manière que le sont les fêtes doubles ou solennelles. (Les vies des Saints, 1715, par Baillet. Paris.)

L'abbaye de Saint-Remi de Reims fut bâtie du temps de Charlemagne et donnée à des Bénédictins. Auparavant c'était une église servie par des chanoines qui avaient succédé à des clercs ou religieux qui avaient leur abbé ; et cette église avait été bâtie sur les ruines d'une chapelle de saint Christophe où saint Remi avait été enterré. (Baillet, topographie des Saints.)

usurpations des biens de l'Eglise, l'oppression des pauvres, les mariages incestueux et d'autres abus.

Le 5 octobre, le concile fut heureusement terminé; Léon IX en remercia le Seigneur, et après s'être prosterné encore une fois au pied du tombeau, dont il ne s'arrachait qu'à regret, il partit plein de joie, heureux d'avoir prié près des reliques vénérées d'un saint qui était cher à son cœur.

Son culte, si solennellement autorisé par le suffrage et l'exemple du vicaire de Jésus-Christ, s'augmenta de plus en plus.

En 1533, un magnifique mausolée fut érigé en son honneur, par le cardinal de Lénoncourt, abbé commendataire de Saint-Remi; c'est dans ce mausolée qu'il fit renfermer les précieuses reliques, durant le règne de François Iᵉʳ (1) *Mausoleum B. Regimii extruere incœpit anno* 1533 *et complevit anno* 1537. (Chanoine Lacourt).

En 1646, une châsse en argent fut faite sur le modèle du mausolée, par les soins de l'archevêque Léonor d'Etampes de Valençay. On y renferma le corps, dont on fit une nouvelle translation, le 19 août 1646. La mort n'avait pas encore exercé ses tristes ravages sur ces restes précieux (2).

Arrive 93.... Dieu, irrité des crimes toujours croissants qui couvraient la terre, la secoue, et un vaste royaume tremble jusque dans ses fonde-

---

(1) Voir à l'*appendice* la description de ce mausolée.

(2) *Dieu est admirable dans ses saints... il gardera leurs os; pas un seul ne sera brisé, et la mémoire des justes sera éternelle.* (Ps. LXVII, XXXVI, etc.)

ments. La monarchie séculaire est arrachée du sol qu'elle avait si longtemps fécondé. La raison est la seule idole devant laquelle on s'incline : les autels du Christ s'écroulent sous les marteaux des démolisseurs.

L'asile vénéré de notre saint pontife n'échappe pas aux coups de leurs mains sacriléges. Le 23 octobre 1793, une horde d'impies se rend à l'église de Saint-Remi pour enlever les richesses qui se trouvaient à son tombeau ; ils veulent d'abord renverser ce monument précieux à force de bras, et ils s'étonnent de trouver une résistance surnaturelle, de voir leurs efforts impuissants. Alors leur colère s'enflamme ; écumants de rage, ils amènent des chevaux et les attellent au tombeau ; mais le tombeau, comme un rocher au milieu de la mer contre lequel viennent se briser les flots frémissants, reste immobile. Les chevaux entrent en fureur, ils se tournent contre ceux qui les conduisent, et plusieurs de ces scélérats expirent à l'instant dans des tortures terribles.

Plus animés encore à cette vue, leurs compagnons déchargent à leur tour leur fureur sacrilége sur le tombeau, qu'ils mettent en pièces, en arrachent la châsse d'argent, la brisent avec effort et s'emparent de tout ce qu'elle renferme de précieux.

Des fidèles étaient témoins de ces actes de barbarie, gémissant en silence, et prêts à recueillir ce que leur rage épargnerait.

Cependant les révolutionnaires, qu'un esprit de vertige poussait à ces attentats inouïs, commettent des irrévérences exécrables contre les restes sacrés du saint archevêque.

Vers les six heures du soir, les ossements échappés au vandalisme furent enveloppés dans un drap de damas cramoisi qu'on avait trouvé dans la tombe; ils furent enterrés dans le grand jardin du monastère de l'abbaye.

En 1795, le 5 juillet, à six heures du matin, les os sacrés furent exhumés, et trouvés dans le drap cramoisi, resté intact dans les entrailles de la terre. Après qu'on eut constaté leur authenticité, on les renferma dans une châsse de bois et on les transporta dans l'antique basilique de Saint-Remi. On conserve ces restes glorieux dans un reliquaire d'argent où ils furent déposés par le cardinal de Latil le 26 décembre 1824. Cette dernière translation se fit avec une pompe et une solennité toutes nouvelles, en présence des autorités religieuses et civiles de la Marne.

APPENDICE

———◦◦◦———

————

On écrit de Reims :

« Depuis plusieurs mois le choléra exerçait ses ravages dans une partie du diocèse de Reims, quand, vers le milieu du mois d'août, il sembla prêt à redoubler d'intensité et menacer un plus grand nombre de paroisses. Quoique la ville métropolitaine ait été jusqu'alors épargnée, Mgr l'Archevêque voulut cependant que l'on y demandât publiquement à Dieu la cessation du fléau, par l'intercession de la très-sainte Vierge, patronne de la cathédrale, et de saint Remi, protecteur spécial de la ville et du diocèse de Reims, où l'on est assez heureux pour posséder encore intactes ses précieuses reliques.

» Une neuvaine fut commencée le lundi 20 août. Chaque jour, à cinq heures du matin, une messe était dite à la cathédrale et à Saint-Remi, avant l'ouverture des ateliers ; chaque jour, après leur fermeture, un salut solennel était chanté dans les mêmes églises. En outre, pendant les neuf jours, Mgr l'Archevêque voulut célébrer lui-même la messe capitulaire, qu'il disait à neuf heures, alter-

nativement à la cathédrale et à Saint-Remi. Chacun
de ces offices fut suivi avec un empressement et
une assiduité extraordinaires, et depuis bien longtemps Reims n'avait vu se presser dans ses églises,
devenues tout à coup trop étroites, une foule aussi
empressée, aussi nombreuse, aussi recueillie.

» Cependant, aucune cérémonie extérieure n'a-
vait eu lieu. S'appuyant sur le 45ᵉ des articles orga-
niques, un arrêté municipal d'avril 1833 interdit,
dans la ville de Reims, tout acte public du culte à
l'extérieur des églises, excepté toutefois pour les
cérémonies funèbres. (On n'avait pas osé braver
jusqu'à ce point l'opinion publique et l'attachement
sincère du peuple de Reims à la Religion catholique.) Respectant donc l'ordre de choses établi,
Mgr l'Archevêque voulut aller de la cathédrale à
Saint-Remi sans chants, sans pompe religieuse,
sans acte extérieur du culte ; mais, toutefois, à
pied, revêtu de ses habits de chœur, entouré de
son chapitre, d'une partie du clergé de la ville,
allant par certaines rues et revenant par d'autres.
Le peuple de Reims sut bon gré de cet acte à son
archevêque, et chaque jour, dans ce long trajet,
son Éminence ne recueillait pas seulement les marques de regret et d'affection auxquelles elle est
accoutumée, mais les témoignages les plus vifs et
les moins équivoques de sympathie pour l'acte solennel et religieux qu'elle accomplissait.

» La fin de la neuvaine approchait, et une sorte
de sollicitude se manifestait dans la ville, et surtout parmi les braves ouvriers de la paroisse Saint-
Remi. Car si les prédications socialistes, si les
excitations de tout genre ont pu faire beaucoup

oublier à plusieurs d'entre eux, elles n'ont pu enlever de leurs cœurs l'amour pour leur saint patron et le souvenir des vieilles traditions de leurs ancêtres. Ils savent tous, et ils se répétaient l'un à l'autre que, dans toutes les circonstances critiques et importantes, le peuple de Reims a toujours eu recours à saint Remi et imploré son assistance en portant processionnellement par la ville ses précieuses reliques. Beaucoup se rappelaient que ces reliques sont sorties de l'église, il y a bientôt vingt-neuf ans, au mois de septembre 1820, pour demander à Dieu un événement que la France monarchique attendait comme un grand bienfait. Ils savaient encore que, depuis quatorze siècles, toutes les fois que la peste, la famine, la guerre ont menacé la ville, la ville a eu recours à saint Remi, et que souvent, des traditions authentiques l'attestent, les fléaux se sont arrêtés en dehors du cercle tracé par les processions, qui portaient, soit la châsse, soit le simple voile du tombeau du grand évêque. Ne pourrait-on pas aujourd'hui imiter ces exemples et suivre ces précieuses traditions? Les ouvriers n'hésitèrent pas à en faire eux-mêmes la demande à M. le curé de Saint-Remi, et quand M. le curé leur a fait comprendre qu'il appartenait à l'administration municipale de consentir à la réalisation de leur vœu, ils s'adressèrent à cette administration. A la vue de cet empressement, des magistrats qui comprennent mieux et plus largement que ceux de 1833 les droits et les exigences de l'ordre et de la liberté véritables, se hâtèrent de lever tous les obstacles, et le lendemain, mercredi 29 août, la procession tant désirée eut lieu. Le corps du grand apôtre de la France fut solennellement porté de l'antique église abbatiale, où il repose depuis l'an 533, jusqu'à la cathédrale, puis ramené avec la même pompe dans son tombeau, en parcourant dans ce trajet la plus grande partie de la ville et des principales rues.

» Nous ne décrirons pas la majesté de cette pompe religieuse, les bannières des cinq paroisses flottant joyeusement dans les airs, les longues files des pieuses enfants de Marie, des fidèles et du clergé, les chants unanimes de tout le peuple ; le spectacle nouveau pour Reims qui depuis vingt ans en était privé, se retrouve dans toutes les processions catholiques. Mais ce qui était vraiment extraordinaire, ce qu'on ne retrouve que bien rarement ailleurs, c'est le calme, le recueillement, la foi, la piété de cette foule immense, abandonnée, pour ainsi dire, à elle-même, où n'apparaissent ni un gendarme, ni un uniforme ; c'est l'empressement des braves ouvriers de la ville, et surtout de la paroisse Saint-Remi, venant s'offrir en foule pour porter la châsse sur leurs épaules, et se retirant heureux et fiers d'avoir pu être admis, six fois, huit fois à ce bonheur. Ce qui est vraiment extraordinaire, c'est l'enthousiasme de ces masses de plus de vingt mille personnes se pressant durant plus de cinq heures à la suite de la procession, et se retirant satisfaites d'avoir assisté à une fête dont le souvenir ne s'effacera pas ; se félicitant hautement d'avoir, pour ainsi dire, reconquis par leur piété la jouissance d'un droit et d'une liberté précieuse dont elles savaient, par leur esprit d'ordre, se montrer véritablement dignes.

TESTAMENT DE SAINT REMI

§ Ier

AU NOM DU PÈRE, ET DU FILS, ET DU SAINT-
ESPRIT, GLOIRE A DIEU. AINSI SOIT-IL.

Moi, Remi, évèque de Reims, investi du sacerdoce, j'ai fait mon testament d'après le droit pré-
torien, et je veux qu'il ait force de codicile, dans
le cas où il viendrait à manquer de quelque for-
malité. Quand donc moi Remi, évèque, serai sorti
de ce monde, soyez mes héritiers, sainte et vénérable église de Reims ; et toi, fils de mon frère,
Loup, évèque, que j'ai toujours tendrement aimé ;
et toi aussi, mon neveu, Agricola, dont l'obéissance et les soins m'ont charmé depuis tes plus
jeunes ans. Je vous donne, pour être partagés
entre vous trois, tous les biens que je laisserai à
ma mort, excepté ce que j'aurai donné, légué ou
ordonné de donner à diverses personnes et à chacun de vous en particulier.

A toi, ma sainte héritière, vénérable église de
Reims, je laisse tous mes colons, fermiers, labou-
reurs, serfs ou esclaves. (D. Marlot), du territoire
de Portian, tant ceux que j'ai hérités de mon père
et de ma mère, que ceux que j'ai échangés avec
Principe, évèque, mon frère, de bienheureuse mé-

moire, ou qui me sont venus de donation, savoir :
parmi les hommes, Dagarède, Profuturus, Prudence, Teinnaich, Mauvillon, Baudoleife, Provincial ; parmi les femmes, Naviatène, Lante et Suffronie, de même que le serf Amorin ; tu les revendiqueras comme ta propriété, ainsi que ceux qui ne seront pas compris en ce testament. Il en sera de la sorte des terres et villages que je possède sur le territoire de Portian, et sur ceux de Tuin, Balatonium, Plerinacum, Vacculiacum, et tout ce que je possède en ce pays, à quelque titre que ce soit, champs, prés, pâturages et forêts.

Pareillement, ma très sainte héritière, tout ce que tu as reçu de mes parents et de mes amis, n'importe en quel lieu, et dont j'aurai disposé en faveur des hôpitaux, couvents, oratoires des martyrs (1), maisons de diacres (2), hospices, en un mot, de tous les établissements soumis à ta juridiction, sera maintenu comme j'en aurai disposé ; mes successeurs, respectant en moi l'ordre de succession, comme je l'ai fait à l'égard de mes prédécesseurs, observeront mes volontés dernières sans y rien changer.

Le village de Saulx-lès-Rethel, que ma cousine Celse t'a donné par mes mains, et celui d'Heutrégiville, présent du comte Huldric, serviront à l'entretien de la couverture du lieu choisi pour ma sépulture par mes saints frères les co-évêques de la province. Que ce lieu devienne également la propriété particulière de mes successeurs à l'é-

---

(1) Églises dédiées aux saints martyrs.

(2) Diaconis. Hopitaux publics où le premier des diacres distribuait des aumônes.

vêché de Reims, et soit consacré à l'entretien des clercs qui y serviront le Seigneur. Le bourg de.... (1) venant de mes propres, au territoire de Portian et de Villers, ainsi que les fermes de l'évêché de Reims, le domaine de Plombay, que j'ai acheté de Benoît et Hilaire, mes co-héritiers, et payé des deniers de l'église, et celui d'Aubigny, qui fait partie du domaine de l'évêché, fourniront en commun à l'entretien des clercs de l'église de Reims. Berne, du domaine de l'évêché, et propriété particulière de mes prédécesseurs, avec deux autres domaines qui m'ont été donnés par le roi Clovis, que j'ai tenu sur les fonds baptismaux, et qui s'appellent en sa langue Bischowhein, ville de l'évêque, Cosle et Glan, ainsi que les bois, prairies, pâturages, que j'ai fait acheter par diverses personnes, dans les Vosges et aux environs, en deça et au delà du Rhin, fourniront tous les ans aux clercs de Reims et à toutes les maisons régulières fondées par moi ou mes prédécesseurs, ou à celles qui seront plus tard établies par mes successeurs, la poix nécessaire à la préparation et à l'entretien des vaisseaux à vin.

Clugny, La Fère, et les domaines que la très-sainte vierge de Jésus-Christ, Geneviève, avait reçus de Clovis, roi très chrétien, pour la commodité des voyages qu'elle avait l'habitude de faire pour visiter l'église de Reims, et dont elle a fait ensuite don aux clercs qui y servent le Seigneur, resteront affectés à l'emploi qu'elle leur a assigné, et je confirme sa donation, sous la condition que

(1) Le nom manque dans le texte latin.

Crugny fournira aux obsèques de mon premier
successeur et aux réparations de la couverture de
l'église principale, et que La Fère demeurera à
mon premier successeur et servira à perpétuité à
l'entretien de l'église où mon corps doit être inhumé.

Quant à la ville d'Epernay, que j'ai achetée d'Euloge cinq mille livres d'argent, elle doit t'appar-
tenir, ma très sainte héritière, et mes autres
héritiers n'y auront nul droit, car c'est avec ton
argent que j'ai payé, et c'est aussi en ton nom que
m'a été accordée la grâce d'Euloge, accusé du crime
de lèse-majesté, dont il lui était impossible de se
purger, et que j'ai obtenu, non-seulement qu'il
eût la vie sauve, mais encore que son argent ne
fût pas confisqué. Je te donne donc Epernay à perpétuité, en dédommagement des sommes tirées
de ton trésor, et pour servir à l'entretien de ton
évêque.

Je te confirme à perpétuité la possession de
Douzy, comme l'a voulu Clodoald (1), ce jeune
prince d'un caractère si noble. Quant à toutes les
terres que m'avait données en propre le roi Clovis,
de glorieuse mémoire, lorsqu'il était encore idolâtre
et qu'il ne connaissait pas le vrai Dieu, avant que
je l'eusse tenu sur les fonts baptismaux, je les ai
depuis longtemps abandonnées aux lieux les plus
pauvres, de crainte que ce prince encore infidèle

---

(1) Clodoald, fils de Clodomir et petit fils de Clovis, fut fort
affectionné de saint Remi et l'un de ses disciples. (D. Marlot, ch.
23, note.)

Voir sur le meurtre des trois fils de Clodomir, l'histoire de
sainte Radegonde, page 39.

ne vînt à supposer que je cherchais plutôt les biens temporels que le salut de son âme. Dans son admiration pour ma conduite, ce prince me permit d'intercéder auprès de lui pour tous les nécessiteux, et, soit avant, soit après sa conversion, il n'a cessé de se montrer bienveillant et libéral envers moi.

Sachant que j'étais de tous les évêques des Gaules celui qui travaillait le plus à la conversion et à l'instruction des Francs, le Seigneur m'a comblé de tant de grâces devant ce roi, et il a été opéré par le Saint-Esprit et mon ministère à moi, pauvre pécheur, tant de miracles pour le salut de sa nation, que ce prince, non seulement rendit aux églises du royaume ce qu'elles avaient perdu, mais encore en enrichit un grand nombre de ses dons et de ses libéralités. Je ne voulus pas accepter de lui le moindre morceau de terre pour l'église de Reims, sans avoir auparavant obtenu pleine et entière restitution pour toutes les églises. J'ai agi de même après son baptême, si ce n'est au sujet de Coucy et Leuilly, que j'ai été forcé d'accepter, parce que le saint et jeune Clodoald, mon intime ami, et les malheureux de ces villages, accablés de toute espèce de charges, me supplièrent de demander qu'il leur fût permis de payer à mon église les subsides qu'ils étaient obligés de fournir au roi, ce que ce prince très pieux m'accorda de grand cœur. Pour me conformer aux intentions du pieux donateur, j'ai confirmé, par mon autorité épiscopale, cette cession, dont je consacre le produit à tes besoins, ma très-sainte héritière.

Tous les biens que j'ai reçus du roi très-chrétien

en Septimanie et en Aquitaine, tous ceux qui m'ont été donnés en Provence, par un certain Benoît, dont la fille, m'ayant été envoyée par Alaric, fut, par la grâce du Saint-Esprit et l'imposition de ma main pécherésse, non seulement délivrée du démon, mais encore rappelée des bras de la mort, tous ces domaines et tous ceux qui sont situés en Austrasie et en Thuringe, je les affecte à l'entretien de tes luminaires et de ceux du lieu ou je serai enseveli.

Je lègue à mon successeur une chasuble blanche pour la fête de Pâques, deux tuniques azurées comme le cou des colombes, et trois tentures qui servent dans les fêtes à cacher les portes de la chambre, du cellier et de la cuisine. A toi, ma sainte héritière, et à l'église de Laon, qui relève de ton diocèse, je vous laisse un vase d'argent de trente livres et un autre de dix-huit, pour en faire, avec la grâce de Dieu, et selon ma volonté, des patènes et des calices pour le service divin.

Je te donne aussi le vase d'argent du poids de dix livres que j'ai reçu pour en disposer à ma volonté, du roi tant de fois nommé, Clovis, de glorieuse de mémoire, que j'ai tenu sur les fonts baptismaux, comme je l'ai déjà dit ; je veux qu'on en fasse un ciboire et un calice ciselés sur lesquels devra être gravée l'inscription que j'ai moi-même dictée et fait mettre sur un calice d'argent de Laon (1), ce que je ferai moi-même si je vis encore

_____

(1) Voici ces trois vers :

Hauriat hinc populus vitam de sanguine sacro
Injecto æternus quem fudit vulnere Christus,
Remigius reddit Domino sua vota sacerdos.

quelque temps ; mais si je viens à mourir avant, fils de mon frère, Loup, évêque, je m'en remets à toi sur l'exécution de ma volonté.

Je lègue à mes confrères dans le sacerdoce et aux diacres de Reims, vingt-cinq sous d'or (1) à partager entre eux ; plus un plant de vigne, situé au dessus de ma vigne dans le faubourg, et qu'ils posséderont ensemble, ainsi que le vigneron Melanius, que je donne à la place d'Albovich, serf de l'église, qui jouira par ce moyen d'une pleine liberté. Je veux que l'on donne aux sous-diacres douze sous d'or, et deux aux lecteurs, aux gardes des saintes hosties et aux acolytes. Les douze pauvres inscrits sur les matricules, et demandant l'aumône à la porte de l'église, recevront deux sous d'or, outre les revenus de la terre de Courcelles, que je leur ai assignée déjà depuis longtemps ; il reviendra un sou d'or aux trois autres pauvres, chargés de laver chaque jour les pieds à nos frères, auxquels j'ai affecté le bâtiment appelé *Balatorum* ou mieux *Xenodochium* pour ce ministère.

Les quarante veuves qui demandent l'aumône sous le portique de l'église et auxquelles il était accordé une rétribution sur les dîmes de Chermizy, Taissy et la Neuville, auront en surplus, à perpétuité, à prendre sur le domaine d'Heutrégiville ci-dessus nommé, trois sous et quatre deniers.

(1) Du temps de saint Remi, le sou d'or valait quarante deniers d'argent. (Mgr Gousset, cité par M. Prior Armand.) Or, dans le principe, le denier valait dix as ; dans la suite seize, ce qui équivaut à environ 81 de nos centimes.

Je lègue à l'église de Saint-Victor, située auprès de la porte de Soissons, deux sous d'or ; deux à celle de Saint-Martin, de la porte Collaticia ; deux à l'église de Saint-Hilaire, de la porte de Mars ; deux à l'église de Saint-Crépin et Crépinien, près de la porte de Trèves ; deux à celle de Saint-Pierre, en la cité que l'on nomme la Cour du Seigneur. L'église que j'ai édifiée en l'honneur de tous les martyrs sur le caveau de Reims, lorsque, avec le secours de Dieu, je délivrai la ville d'un entier embrasement suscité par le démon, recevra deux sous d'or ; et celle que j'ai fait bâtir dans la cité, en mémoire du même miracle, en mémoire de saint Martin et de tous les saints confesseurs, en recevra aussi deux. Je laisse deux sous d'or au diaconat de la cité dit les Apôtres, deux à la cuve de Saint-Maurice, située sur la voie Césarée ; trois à l'église fondée par Jovin, en l'honneur de saint Agricole, et dans laquelle reposent le très-chrétien Jovin, saint Nicaise avec plusieurs de ses compagnons de martyre, et cinq confesseurs, les premiers successeurs de Nicaise, avec sainte Eutrope, vierge et martyre. Je lègue de plus à la même église tout ce que possédait Jovin sur le territoire de Soissons, avec l'église de Saint-Michel ; quatre sous d'or à l'église des saints martyrs Timothée et Apollinaire, dans laquelle, s'il plaît à Dieu, et si cela convient à mes frères, à mes enfants, les évêques de la province, je désire être enterré ; deux à celle de Saint-Jean où la fille de Benoît fut ressuscitée à ma prière, par la grâce de notre Seigneur Jésus-Christ ; trois sous à l'église de Saint-Liste, où ce pieux évêque repose avec trois de ses successeurs, et à laquelle je laisse en outre Pliny-

sur-Marne, provenant de mes domaines particuliers ; à celle de Saint-Martin, située sur le territoire de l'église de Reims, deux sous ; deux à celle
de Saint-Christophe ; à celle de Saint-Germain, que
j'ai fait construire moi-même sur le territoire de
notre mère l'église de Reims, deux sous ; à celle
des saints martyrs Cosme et Damien, sur le même
territoire, deux sous ; un à l'hospice de la Sainte-
Vierge appelé Xenodochium, où douze pauvres
attendent l'aumône. Cette matricule devra rester à
perpétuité attachée au lieu où il plaira à mes frères
et à mes enfants de déposer mes restes, afin que
l'on y prie nuit et jour pour mes péchés. A ce que
mes prédécesseurs ont laissé pour l'entretien de
ces pauvres, j'ajoute sur mes biens le domaine de
Scladron, celui de Saint-Etienne, et toute la part
qui m'est échue par succession au village d'Her-
monville. Je ratifie la donation que j'ai faite depuis
longtemps, en faveur de l'église de Saint-Quentin,
de tout ce que j'ai acheté en ce lieu.

Je donne la liberté à *Fruminius*, *Dagaleisse*,
Dagarède, *Duction*, *Baudowich*, *Udulphe et Vino-
feiphe*, serfs de *Vacculiacum*, village déjà nommé ;
que *Temnarède*, né d'une mère ingénue, jouisse
du même privilége.

Pour toi, fils de mon père, Loup, évêque, tu revendiqueras comme ta propriété *Nifaste*, sa mère
qui est muette, et la vigne cultivée par le vigneron
Aënias. Tu donneras la liberté à *Aënias* et à son
fils *Monulphe*. Le porcher *Mellofocus, Paschasis*,
sa femme, *Verviniacus* et ses fils, excepté *Widra-
gaire*, auquel je donne la liberté, resteront en ta
dépendance. Je te donne, mon serviteur de Ternay,
la part des terres qu'avait possédées mon frère

Principe, évêque, avec leurs bois, prés et pâturages, et mon serf *Viterède*, qui a appartenu à *Mellovicus*. Je te lègue et transmets *Teneursole*, *Capalinus*, et *Teudorosère*, sa femme. Je donne la liberté à *Teudonime* ; tu retiendras *Edoneiphe*, qui s'est unie à un de tes serfs, de même que ses enfants. La femme d'*Arégildus* et ses enfants recevront la liberté. La part de la prairie que je possède, conjointement avec notre famille, au pied des collines de Laon, et les petits prés Joviens que j'y ai occupés, je te les donne ainsi que Lavergny, où j'ai déposé les restes de ma mère.

Pour toi, mon neveu Agricola, prêtre, qui a passé ta plus tendre enfance dans ma maison, je te lègue le serf *Merumvast*, sa femme *Meratène* et leur fils *Marcovic*. Je donne la liberté à son frère *Médovic*. Je te laisse *Amatius* et sa femme ; leur fille *Dasowinde* recevra la liberté. Je mets en ta possession mon serf *Alaric*, à la charge de protéger la liberté de sa femme, que j'ai rachetée et affranchie. Je te donne *Bedrimode* et *Maura*, sa femme, mais leur fils *Monachaire* sera libre. Tu revendiqueras comme t'appartenant, *Mellaric* et *Placidia*, sa femme ; mais j'affranchis leur fils *Médaric*.

La vigne que *Mellaric* a plantée à Laon et mes serfs *Britobaude* et *Giberic* t'appartiendront ; je te laisse la vigne cultivée par *Bedrimode*, à la condition que, les fêtes et les dimanches, il soit dit une messe en mon nom, et qu'un repas annuel réunisse les prêtres et les diacres de Reims.

A mon neveu Prétextat je laisse *Modérat*, *Totticion*, *Marcovic* et le serf *Innocent*, que j'ai reçu de *Profuturus*.

Je lui lègue de plus quatre cuillers de famille, un gobelet, le manteau que m'a donné le tribun Friarède, un bâton épiscopal d'argent, orné de figures ; à son jeune fils Parovius, un gobelet, trois cuillers et une chasuble dont on a renouvelé les franges. Remigie recevra trois cuillers gravées à mon nom, l'essuie-mains dont je me sers aux jours de fêtes, et *l'ichinaculum* dont j'ai parlé à Gondebaud.

Je lègue à ma fille bien-aimée, Hilaire, diaconesse (1), pour reconnaître ses bons offices, la servante *Noca*, le plant de vigne qui touche à la mienne et qui est cultivé par *Catusius*, et enfin ma part de Talpomy.

La portion de Ternay qui m'est échue en partage, je la transmets à mon neveu Aëtius, avec tous mes droits et prérogatives, et l'esclave *Ambroise*. Je veux que la liberté soit donnée au colon *Vital*, et je lègue sa famille à mon neveu Agathimère, auquel je laisse, de plus, la vigne que j'ai plantée et entretenue par mes soins au lieu de *Vandeuvre*, à condition qu'il fera célébrer, les fêtes et dimanches, une messe à mon intention, et qu'il donnera chaque année un repas aux prêtres et diacres de Laon.

Je donne à l'église de Laon deux des domaines que j'avais reçus de Clovis, roi de sainte mémoire ; Anizi et dix-huit sous d'or à partager également entre les prêtres et les diacres. Je lui lègue, en

(1) Les devoirs des diaconesses consistaient à remplir certaines fonctions interdites aux prêtres, *propter honestatem*, et à être de service au baptême des femmes. (D. Mabillon, *Annales Benedict.* t. 1.)

outre, ma part entière du domaine de Sery et celui de Lauscita que m'a donné ma très-chère fille et sœur Geneviève, à mes yeux une des plus saintes vierges du Seigneur, pour pourvoir aux besoins des pauvres de Jésus-Christ.

Je recommande à ta sainteté, fils de mon frère, Loup, évêque, les serfs des domaines sus-nommés dont je veux l'affranchissement, savoir : *Catution* et sa femme *Auliathène ; Nonnion*, qui cultive ma vigne ; *Somnoveife*, que j'ai racheté de l'esclavage et qui est de bonne famille ; *Leuberède*, son fils, *Mellaride, Mellatène, Vasante, Cocus, Cœsarie, Dagarasène, Baudorosène*, petite fille de Léon, et *Macoleife*, fils de *Toton*. C'est à toi, Loup, de protéger la liberté que je leur donne, de toute ton autorité épiscopale. Et toi, mon église et mon héritière, je te lègue *Flavian* et sa femme *Sparagilde ;* mais *Flavarasène*, leur petite-fille, jouira du bienfait de la liberté. *Fédanné*, femme de *Melaines*, et leur petite fille, deviendra la propriété des prêtres et diacres de Reims. Je donne la liberté au colon *Crispiciole*, et sa famille à mon neveu Aëtius ; mes deux neveux, Aëtius et Agasthimère, auront à eux deux mes colons de Passy. Je donne *Modorosève* à ma petite-nièce Prétextate ; à Profuturus, le serf *Ledochaire, Leudonèse* à Profutura.

Je lègue aux sous-diacres, lecteurs, gardes des hosties, et jeunes servants de Laon, quatre sous d'or ; aux pauvres inscrits sur les matricules, un sou pour leur entretien. Je laisse à l'église de Soissons, en commémoration de moi, Sablonnières-sur-Meuse, dont le roi m'a fait présent, et dix sous d'or, car j'ai disposé de Sablonnières-sur-Marne en faveur de mes héritiers.

Je lègue à l'église de Châlons Jâlons-sur-Marne, que j'ai reçu de mon fils Clovis, plusieurs fois mentionné, et dix sous d'or ; à celle de Saint-Memmie, Fuscinaria (1), me provenant du même prince, et six sous d'or ; cinq à celle de Mouzon ; le champ situé auprès du moulin à celle de Vouzy ; quatre à celle de Cathuriges, et autant a celle de Portian, en mémoire de mon nom.

L'église d'Arras, dont j'ai consacré évêque mon très-cher frère Vaast, avec le consentement de Dieu , outre les villages d'Arcos et Sabacétum que je lui ai déjà donnés pour l'entretien de ses clercs, recevra vingt sous d'or pour se souvenir de moi.

L'archidiacre Ursus, dont les soins m'ont été si agréables, aura la chasuble fine que l'on a faite sous mes yeux, une autre plus forte, deux saies fines, le tapis dont je me sers sur mon lit, et la meilleure tunique que je laisserai à ma mort.

Loup, évêque, et Agricola, prêtre, mes héritiers, vous partagerez également mes porcs. *Friarède*, que j'ai racheté de la mort moyennant quatorze sous d'or, en gardera deux, et donnera les douze autres pour faire la voûte des saints martyrs Apollinaire et Timothée. C'est ainsi que je donne, que je lègue et je fais mon testament. Tous ceux qui n'y sont pas désignés n'auront aucun droit à ma succession.

Afin que ce testament soit à l'abri de toute ruse frauduleuse, je déclare que, s'il s'y trouve quelque

(1) Fagnières, près Châlons-sur-Marne.

rature ou quelques mots effacés, cela s'est fait en
ma présence, quand je l'ai relu et corrigé.

Les deux autres testaments que j'ai faits, le premier il y a quatorze ans, et l'autre il a sept ans,
ne pourront, en aucune manière, contrevenir ni
déroger à celui-ci. Tout ce que renfermaient les
deux premiers, je l'ai inséré dans ce dernier, en
présence de mes frères, et tout ce qui y manquait
je l'ai ajouté dans celui-ci, où je dispose encore
des biens que le Seigneur a daigné m'accorder depuis. Que ce testament soit donc à jamais inviolablement gardé par mes successeurs, mes frères, les
évêques de Reims. Que les rois des Francs, mes
très-chers fils, lesquels j'ai consacrés à Dieu par
le baptême, avec la coopération de Jésus-Christ et
de l'Esprit-Saint, le maintiennent et défendent envers et contre tous, afin qu'il soit exécuté dans
chacune de ses dispositions. Si quelqu'un appartenant au sacerdoce, depuis le prêtre jusqu'au clerc,
ose contrevenir et déroger à mes volontés dernières, et méprise les avertissements de mon successeur, qu'il soit dégradé et déposé de sa dignité,
par trois prélats convoqués des lieux les plus voisins du diocèse de Reims.

Si parmi mes successeurs (ce qui, je l'espère et
le souhaite ardemment, n'arrivera jamais), il se
trouvait un évêque qui, poussé par une exécrable
cupidité, osât contrairement à ce que j'ai réglé
avec la grâce et en l'honneur de Jésus-Christ, et
pour le soulagement de ses pauvres, aliéner,
changer, détourner quelque chose, ou, n'importe
sous quel prétexte, donner à des laïques, à titre de
bienfait, ou favoriser, autoriser rien de semblable,
par son consentement, que l'on convoque tous les

évêques, prêtres et diacres du diocèse de Reims et,
le plus grand nombre possible de religieux francs,,
mes très-chers fils, et qu'en leur présence, le coupable, en punition de sa faute, soit dépouillé de
son évêché, sans espérance d'y pouvoir jamais être
réintégré.

S'il arrive jamais à un laïque de détourner (1) ou
usurper à son profit, au mépris de nos dispositions

---

(1) Il y avait, non loin de la basilique dédiée à saint Remi, une
terre d'un excellent rapport qui avait été donnée à l'église. Un
homme, au mépris du donateur, s'en était emparé. Pressé plusieurs fois inutilement par l'évêque et l'abbé de la rendre à l'église,
cet homme persistait à défendre son usurpation et à se maintenir
dans l'injuste possession du champ. Un jour qu'il venait à Reims,
il entre dans la basilique du saint : l'occasion et non la dévotion
le portait à cette démarche. L'abbé l'aperçoit et l'interpelle vivement sur son usurpation. Le coupable ne sait que répondre ; il
ajoute même l'injure à l'outrage. Ses affaires terminées, il remonte
à cheval, et se dispose à retourner à sa maison ; mais les justes
reproches du prêtre sont pour lui un poids qui l'accable, qui le
bouleverse ; il tombe frappé d'apoplexie. Sa bouche qui, il n'y a
qu'un instant encore, s'ouvrait pour défendre son usurpation, ne
peut plus proférer de paroles ; ses yeux qui s'étaient ouverts pour
convoiter le champ, se ferment à la lumière ; ses mains qui s'en
étaient emparées, demeurent impuissantes et perclues. Il balbutie
alors et essaie de proférer quelques paroles inarticulées : Portez-
moi, dit-il, à la basilique du saint ; jetez sur son tombeau tout ce
que je possède d'or ; j'ai péché en m'emparant de son bien. Le
donateur du champ qui le voyait venir avec ses présents, s'adresse
à son tour au saint ; il s'écrie : O bienheureux Remi, n'acceptez
par cet or ; des mains semblables sont indignes de vous l'offrir ;
soyez insensible aux souffrances de ce coupable qui, au mépris de
la justice, et n'écoutant que ses convoitises, s'est emparé de vos
biens. Le saint ne dédaigna pas d'écouter les paroles de son serviteur dévoué. L'usurpateur offrit son or, mais à peine était-il
rentré dans sa demeure qu'il rendit l'esprit, et l'église de Reims
rentra dans la libre possession de son champ. (Traduction de saint
Grégoire de Tours, *lib. de Gloriâ Confessorum*, *cap.* 79.)

et sous quelque prétexte que ce soit, les biens par
nous légués aux pauvres de l'Eglise (1), qu'il soit
anathème et retranché de la communion des fidèles,
ensemble avec l'aliénateur, le demandeur, le donateur et l'usurpateur, jusqu'au jour où, par un effet
de la miséricorde divine, ils se soient rendus
dignes d'être absous, après avoir donné satisfaction
entière. Mais s'il préfère persévérer dans le mal,
que toute espérance de restitution présente et à
venir lui soit à jamais ôtée par mon successeur
à l'évêché de Reims. J'établis néanmoins une
exception en faveur de la famille royale, que, pour
l'honneur de l'Eglise et la défense des pauvres, de
concert avec mes frères et co-évêques de la Germanie, de la Gaule et de la Neustrie, j'ai élevé au
rang suprême de la majesté royale, baptisée et
tenue sur les saints fonts, marquée des sept dons
de l'Esprit-Saint, et dont j'ai sacré le chef roi par
l'onction du saint chrême. Si jamais quelqu'un de
cette famille royale, tant de fois consacrée à Dieu
par mes bénédictions, rendant le mal pour le
bien, osait envahir, détruire, piller, opprimer les
églises, qu'il soit admonesté d'abord (2) par une

(1) Charles-le-Chauve ayant entrepris de donner le village de
Luilly à Ricuin, l'un de ses capitaines, Dieu affligea la maison de
ce gentilhomme, et sa femme mourut d'une manière fort fâcheuse,
dont le roy fut si vivement touché, qu'ayant ouy la lecture du
testament de saint Remi, il donna trois lettres patentes à Hincmar
pour retirer tant cette seigneurie que celle d'Esparnay et plusieurs
autres qui avaient été usurpées après qu'Ebon eut esté déposé de
son siége. (Flodoard, liv. 3, ch. 4.)

(2) Un jour, Pépin-le-Bref forma le dessein de s'emparer
d'Anizi, village du diocèse de Laon, cité en ce testament. Saint
Remi lui apparut pendant qu'il dormait, et lui dit : « Qu'es-tu

assemblée des évêques de l'église de Reims; si le coupable persévère, l'église de Reims devra lui donner un second avertissement, en s'adjoignant, à cet effet, sa sœur l'église de Trèves. Il ne pourra jamais être morigéné en troisième lieu que par trois ou quatre archevêques de la Gaule réunis. S'il s'obstine à refuser toute satisfaction, que, par longanimité d'affection paternelle, on diffère de la sorte jusqu'au septième avertissement. Mais alors, si, ne tenant nul compte de toutes les bénédictions et semonces indulgentes de l'Eglise, il ne se dépouille pas de cet esprit d'obstination incorrigible, et que refusant à Dieu toute soumission, il se refuse à participer aux bénédictions de l'Eglise, que l'arrêt de la séparation du corps de Jésus-Christ soit lancé contre lui ; que tous fulminent contre lui cette sentence autrefois dictée au roi-prophète David par le même Esprit-Saint, dont les évêques sont inspirés : « Parce qu'il a persécuté le pauvre et l'indigent et celui dont le cœur était brisé par la douleur, parce qu'il n'a pas été miséricordieux, ayant aimé la malédiction, elle retombera sur lui ; ayant rejeté la bénédiction, elle s'éloignera de lui (1). » Que de chaque église s'élèvent toutes les malédictions dont l'Eglise poursuit le traître Judas et les évêques indignes ; car le Seigneur a dit : « Tout ce que vous avez fait à l'égard des plus

venu faire dans ce village que j'ai donné à l'église de Notre-Dame? » Puis il le fustigea rudement d'un fouet qu'il tenait à la main. Le roi se réveilla, partit aussitôt, renonçant à son projet d'usurpation, et saisi d'une fièvre dont il souffrit longtemps. (Flodoard, lib. I, cap. 20.)

(1) Ps. cviii, 16, 17.

petits des miens, c'est à moi-même que vous l'avez
fait ; toutes les fois que vous leur avez manqué,
c'est à moi-même que vous avez manqué (1). » Et
l'on ne saurait en douter, ce qui est du chef
concerne aussi les membres. Qu'un mot seul soit
changé par interposition à ce passage : « Que ses
jours soient abrégés et qu'un autre reçoive son
royaume (2). » Si mes successeurs, les archevêques
de Reims, négligeaient de se conformer à nos
prescriptions, que les malédictions destinées aux
princes retombent sur eux, « que leurs jours
soient abrégés, et qu'un autre reçoive leur épiscopat (3). »

Mais si notre Seigneur Jésus-Christ daigne
écouter ma prière et les vœux que je ne cesse de
lui adresser en la présence de la majesté divine,
que, fidèle à mes enseignements, cette famille persévère dans la sage administration de l'Etat et la
défense de l'Eglise, qu'aux bénédictions que le
Saint-Esprit a répandues sur son chef par mes
mains pécheresses, le même Esprit-Saint ajoute de
nouvelles bénédictions ; et que du sang de ce
prince sortent des rois et des empereurs qui, maintenant et à l'avenir, soutenus et fortifiés par la
grâce dans la voie du jugement et de la justice,
puissent gouverner et étendre l'empire, selon la
volonté de Dieu, pour l'accroissement de sa sainte
Eglise, et mériter d'être reçus dans la maison de
David, c'est-à-dire dans la Jérusalem céleste, pour

(1) S. Math., xxv, 40, 45.
(2) Ps. cviii, 8.
(3) Id. id,

y régner éternellement avec le Seigneur. Ainsi soit-il.

Fait à Reims, le jour et sous le consul précités, présents les témoins soussignés :

Moi Remi, évêque, j'ai, Dieu aidant, relu, signé, souscrit et achevé mon testament, au nom du Père, et du Fils, et du Saint-Esprit.

† (1) Vaast, évêque : Ceux qu'a maudits mon père Remi, je les maudits ; ceux qu'il a bénis, je les bénis : j'ai assisté et signé.

† Génebaud, évêque : Ceux qu'a maudits mon père Remi, etc., etc.

† Médard, évêque : Ceux qu'a maudits, etc.

† Loup, évêque, etc.

† Benoît, évêque, etc.

† Euloge, évêque, etc.

† Agricola, prêtre, etc.

† Théodonius, prêtre, etc.

† Gelsin, prêtre. Ceux qu'a maudits mon père Remi, etc.

V. C. (2) Papole : Ai assisté et signé.

V. C. Austicole,	id.
V. C. Eutode,	id.
V. C. Eutrope,	id.
V. C. Eutèbe,	id.
V. C Dave,	id.

Mon testament clos et scellé, il m'est venu à l'esprit de donner à la basilique des martyrs Timo-

---

(1) Autrefois les signatures étaient précédées d'une croix ; les évêques de France ont conservé cet usage. (Mgr Gousset, cité par M. P. Armand.)

(2) *Vir consularis*, homme consulaire. (M. P. Armand.)

thée et Apollinaire un missoir d'argent de six
livres pour en faire une châsse où l'on déposera
mes os.

§ IIᵉ

DESCRIPTION DU MAUSOLÉE DE SAINT REMI

Nous empruntons la description que donne du
mausolée élevé en l'honneur de saint Remi par
Robert de Lenoncourt, M. Prosper Tarbé dans son
ouvrage intitulé : *Trésor des Eglises de Reims.*

« Le tombeau, taillé comme un carré long, avait
de 20 à 25 pieds de haut, 18 de long et 8 de large ;
il se composait de deux étages ; celui d'en bas était
plus long que celui d'en haut à peu près d'un
sixième ; il était d'ordre corinthien ; dix-sept colonnes de jaspe rouge et blanc soutenaient un étable-
ment et une corniche de même matière, élevés
environ de 2 pieds.

» Entre ces colonnes se trouvaient de chaque
côté long cinq niches, et dans un des côtés étroits
formant l'extrémité du mausolée, deux autres
niches. La partie supérieure de ces niches était
arrondie en demi-cerle et sculptée en coquille.
Elles contenaient les douze pairs de France ; au
dessus de chacun d'eux étaient placées ses armoi-
ries, enfermées dans des branches de laurier. D'un
côté étaient cinq pairs laïques, et de l'autre cinq
pairs ecclésiastiques.

» Du côté étroit où se trouvaient la onzième et
la douzième niche, étaient le sixième pair laïque

et le sixième pair ecclésiastique, l'évêque comte
de Noyon et le comte de Toulouse.

» Ces douze statues étaients faites d'une pierre
blanche très fine, et couverte d'un vernis qui la
faisait briller comme le marbre. Elles existent
encore.

« Les douze pairs étaient représentés avec les
costumes dont ils étaient revêtus au jour du sacre.

» L'archevêque duc de Reims portait la croix,
l'évêque duc de Laon le sceptre, l'évêque comte de
Beauvais le manteau royal, l'évêque comte de Châlons l'anneau, l'évêque comte de Noyon la Ceinture, le duc de Bourgogne la couronne, le duc
d'Aquitaine l'étendard, le duc de Normandie un
second étendard, le comte de Flandre l'épée, le
comte de Toulouse les éperons, le comte de Champagne l'enseigne militaire.

» Le second étage, posé sur la table qui couron-
nait le premier, avait aussi quatre côtés ; la façade
située à l'extrémité du monument contenait aussi
une niche plus grande que les autres, mais à peu
près du même dessin; elle était surmontée d'une corniche portant les armes du cardinal de Lenoncourt,
et renfermait un groupe de statues représentant
saint Remi assisté de saint Thierry, et catéchisant
Clovis ; le roi était à genoux et habillé comme on
l'était à la fin du XVe siècle ou au commencement
du XVIe.

» Les deux côtés longs étaient ornés chacun
de vingt-quatre tablettes d'argent représentant la
vie de saint Remi. Elles étaient rangées sur deux
lignes superposées l'une à l'autre ; chaque tablette
était dans une petite arcade soutenue par des

colonnes de marbre blanc, la ligne supérieure
était séparée de la ligne inférieure par une longue
bande de marbre ; de plus, deux autres bandes de
marbre, placées dans chaque ligne et aboutissant
perpendiculairement à celles dont on vient de
parler, divisaient les tablettes quatre par quatre.

» Au dessus se trouvaient une corniche et un
entablement non moins considérable que ceux de
l'étage inférieur.

» Sur cette corniche s'élevait une sorte de toit
arrondi et très-bas ; au milieu de ce toit était un
dôme couronné par une fleur de lis et soutenu par
un double rang de petites colonnes de marbre et
de jaspe ; il était étagé par d'élégants arcs-boutants
en forme de feuillage.

» La partie antérieure du monument regardait
le grand autel de l'église, dont une grille le séparait. Cette façade était plus élevée que les autres.

» Au premier étage, était la porte du tombeau
placée entre deux colonnes de porphyre.

Cette porte était couverte de lames d'or ; au
milieu était une autre petite porte faite d'or pur,
qui, en s'ouvrant, laissait voir l'intérieur du tombeau ; elle était incrustée de pierres précieuses et
de médailles romaines et françaises en or. Au centre était un morceau de cristal de roche ciselé avec
un art merveilleux : on y avait gravé le baptême
de Jésus-Christ par saint Jean.

» Cette porte et ce précieux morceau de cristal
venaient du monument élevé à saint Remi par
Hincmar. Elle était entourée d'une bordure d'émail
violet.

» On remarquait sur cette porte un anneau qui
avait appartenu à François Ier. Ce prince l'avait

laissé tomber au moment où il visitait le mausolée. Il l'offrit au saint et le fit attacher en sa présence.

» Au milieu de la grande porte, était une croix à larges bras divisée par quatre rayons d'or.

» Une corniche la surmontait et supportait un bas-relief renfermé dans un demi-cercle, et représentant le baptême de Clovis.

» Toutes les pierreries qui ornaient ce monument avaient été données par Hincmar et les rois de France. Il était posé sur trois marches et renfermé dans une balustrade haute de quatre pieds, faite aux frais du cardinal Gualterio, dont elle portait les armes ; il fut abbé commandataire de Saint-Remi de 1710 à 1728. »

Il est déplorable qu'un monument si auguste et si riche ait été la proie du vandalisme révolutionnaire. En 1803, M. Ludinard de Vauxelles en fit ériger un autre. On lisait il y a quelques années, sur une pierre placée au dessous du groupe de saint Remi catéchisant Clovis, gravée en lettres d'or, l'inscription suivante :

« Ce mausolée a été érigé en 1803, an XI de la République française, par la munificence de M. Remi Roland Ludinard de Vauxelles, président de la fabrique de Saint-Remi et ancien trésorier de France, et de madame Marie-Jeanne Cautionnart, son épouse. »

En 1847, cinq évêques appelés par l'archevêque de Reims à une pieuse cérémonie, assistaient dans l'église de Saint-Remi à la bénédiction du nouveau tombeau, rétabli sur l'ancien modèle.

TABLE DES MATIÈRES

7

APPENDICE.

FIN DE LA TABLE DES MATIÈRES.

4811 — Châlons, imp. LE ROY.

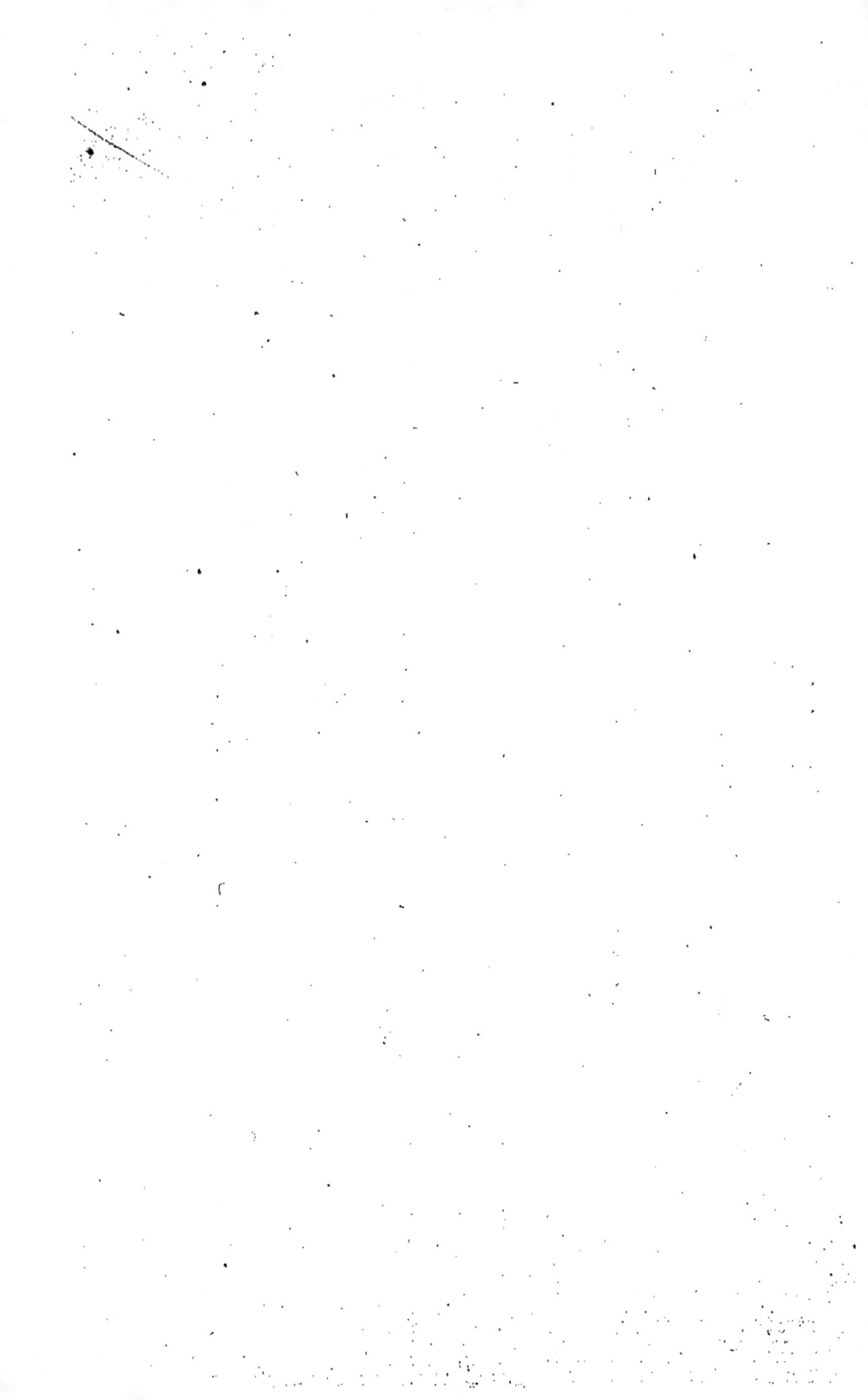

www.ingramcontent.com/pod-product-compliance
Lightning Source LLC
Chambersburg PA
CBHW072235270326
41930CB00010B/2133